魔法をかける

アオガク「箱根駅伝」制覇までの4000日

原 晋
Susumu Hara
青山学院大学陸上競技部 監督

講談社

魔法をかける

アオガク「箱根駅伝」制覇までの4000日

目次 contents

構成　赤坂英一
装丁　坂野公一（welle design）
写真　熊谷貫（著者近影）、陸上競技社、時事通信社

まえがき

私は陸上の原晋ではない。営業マンの原晋である。けっして元アスリートの原が勝ったのではない。営業マン時代に培ったノウハウによって、箱根で勝つことができたのだ。

２０１５年の箱根駅伝、第91回東京箱根間往復大学駅伝競走において、青山学院大学が初優勝を果たして以来、私は事あるごとに、何度も何度も繰り返しそう言い続けてきた。友人知人、応援してくださった方々からお祝いの言葉をかけられるたび、新聞や雑誌の取材を受けるたび、ガラにもなくテレビ番組に出演するたび、さらに学校や企業で講演をさせていただくたび、私はこう強調している。

「私はもともと、陸上界の人間ではなかったんです。いまでこそ陸上界にいるけれど、原という人間の本質はサラリーマン、ビジネスマンなんです。中国電力という電力会社の一営業マンとして10年間、地道にがんばり、一所懸命に働いて培った経験、知恵とノウハウ、そして何と言っても覚悟があったからこそ、私は青学陸上部の学生たちを率いて、どうにかこうにか、こうして箱根駅伝で優勝することができたのですよ」

営業マンが勝ったんだ、サラリーマンの力が箱根を制したんだ。

この言い方はウケたらしい。たちまちマスコミやインターネットを席巻して、日本全国津々浦々、老若男女、さまざまな層と世代に浸透したようだ。おかげで、私は大勢の人たちに興味を抱いてもらえるようになった。見た目は少々もっさりとした、あまり元アスリートらしからぬ、でもやたらと明るく前向きで、よく「はっはっはっ！」と大声で笑っている原晋というオッサンは何者だ？　と。

青学の陸上部監督に就任した11年前の04年春、私はまったく無名の存在だった。現に、原晋という名前を報じたメディアなど、どこにもなかった。

それも当然だろう。たとえば、上武大学駅伝部監督の花田勝彦さんは、1996年アトランタ、2000年シドニーと、2度のオリンピック出場を経験している。また、東洋大学はかつて、シドニーの男子マラソン日本代表だった川嶋伸次さんを監督に招聘《しょうへい》していた。日の丸を背負って走り、陸上界のエリート中のエリートだった彼らに比べると、私の実績などほとんどなきに等しい。

09年に33年ぶりに箱根駅伝出場を果たし、14年に青学最高記録タイの5位に躍進して、私の名前もマスコミの一隅で扱われるようになった。とはいえ、その程度ではせいぜい、ごく一部の熱心な駅伝のファンの目にとまるだけのことにすぎない。

しかし、優勝は違う。それまでいくら善戦しても、1等になるとならないとでは、文字どおり天と地ほどの差がある。箱根で優勝して以来、私の人生は変わった。一変した。

箱根の優勝から1週間たっても1ヵ月たっても、マスコミの取材やテレビ出演の依頼は引きも切らない。人生、声がかかるうちが花だと足を運んでいたら、行く先々でたくさんの人に囲まれ、盛大な歓待を受ける。

48年生きてきて、これほど注目を浴び、引っ張りダコになって、チヤホヤされたことは一度としてなかった。これがいわゆる「時の人」になるということかと、私は思った。

お声がかかれば、お座敷もかかる。しかも私は酒好きだ。サラリーマン時代から、一杯やりましょうと言われたら、まず断らない。

箱根で勝ったおかげで、いままでなら行ったこともなかった高級なお店で、下へも置かぬもてなしを受けたこともある。ある大企業のトップクラスの方のお招きで六本木ヒルズに招かれたときなど、おれも出世したもんだと、いい気分に浸った。経済界の方々と会食をさせて頂くと、部の運営に参考になる話が随所に出てくる。元営業マンの私にとって、毎回大変有意義で楽しい時間なのだ。

その一方で、昔馴染みの仲間と飲むときになると、私は一層盛り上がる。ついつい陽気でお喋りな原節が炸裂してしまう。原という男のいい時期も悪い時期も、長所も欠点も全部知っている相手とは、鉄板焼きをつまみながら、ときに昔話やバカ話に花を咲かせ、ときにはまじめな議論や討論を延々と続ける。そういう〝鉄板コミュニケーション〟が私には一番似合っているように思う。

なにしろ、私は広島出身。子供のころからオタフクソースをたっぷり塗ったそば入りのお好み焼きをパクついて育った男だから。

そんな私に、陸上界からは苦言を呈する声も聞こえてきた。いつまでも舞い上がってるんじゃない。そろそろ次の試合、来年の箱根に向けて動き出したらどうだ。そんなふうにいい気になっていると、おまえのようなやつは足をすくわれるぞ、というのだ。

私も人間、そう言われたら、少々カチンとくる。うるさいなあ。こういうときぐらい、もっといい気分に浸らせてくれ。せっかく、人生で最高の〝モテ期〟なのに。

箱根で勝った直後から、私は人生における瞬間最大風速に乗った。そんな風は瞬く間に過ぎ去ってしまう。こんなにもてはやされる時期がいつまでも続かないことぐらい、私にもわかっている。もし次の箱根で負ければ、いま世間の耳目を集めている原という人間も私の主張も、すぐ遠い記憶の彼方に忘れ去られてしまうだろう。

だから、自分の本を書こうと思い立った。この本は、私にとって初めての著書であり、自叙伝である。この本を通じて、箱根駅伝のファンはもちろん、もっと広く、大勢の一般社会の人たちにも、私の考えていることを知ってほしい、理解していただきたい。

何度も言っているように、私はかつて一介の営業マンだった。つまり、少しスポーツをやっていたというだけの、世間のどこにでもいる、ふつうの男だったということだ。そういう平凡な男がなぜ、箱根で勝てたのか。青学史上初優勝するほどのチームを作ることができたのか。そして、あの歓喜の瞬間に至るまで、どのような人生を送ってきたのかということを、ぜひ読んでもらいたい。

第1章は、青学が第91回箱根駅伝で初優勝した勝利のプロジェクト、私自身が命名した「ワクワク大作戦」の内幕だ。このフレーズもマスコミを通じてすっかり有名になって、何やら明るく楽しく、監督の私が学生たちとはしゃいでいるうちに勝ってしまったようなイメージが先行している。

では、実際はどうだったのか。「ワクワク大作戦」とは何かを、私自身が改めて分析、検証する。これは、駅伝における監督の役割を明らかにすることでもある。

たとえば、野球なら勝負どころにおける監督の采配が明暗を分ける。サッカーであれば、システムの変更や選手交代がゲームの帰趨《きすう》を左右することが多い。つまり、試合の最中における監督の判断力に負うところが大きい。

それに引き換え、駅伝の場合、いざレースが始まったら、監督にできることはほとんどないと言っていい。レース中、運営管理車と呼ばれる車に乗り、マイクを通じて指示やゲキを飛ばすぐらいだ。しかも、声をかけてもいい地点と分数まで細かく決められている。

実は、2014年の第90回大会までなら、監督が車を降りて、みずから選手に給水することが認められていた。おかげで監督は自分で選手の状態をチェックでき、選手も監督に自分の意思を伝えられたのだが、残念なことに15年から中止とされてしまった。

だから、監督の助言や指示によって選手のコンディションが上がったり、レース展開が大きく変わったりといったことは、ほとんどない。監督の仕事とは、10区10人、補欠を含めた16人を厳選して、どの区間にどの選手をあてはめ、いかに最高の状態で送り出すか、に尽きる。つまり、選手たちをそれぞれの区間のスタートラインに立たせてやるまでが、私の仕事のすべてなのだ。

そのためには、常日ごろから選手の調子や個性を細かく、しっかり把握しておかなければならない。いや、それ以前に、彼らを青学にスカウトするにあたって、高校在学中からどのような走りをする子なのか、箱根の戦力へと成長する素材かどうかを見極めておく必要がある。まあ、そんなに偉そうなことを言っても、とんだ見込み違いがあったり、その一方ではうれしい誤算もあったりして、なかなかうまくハマらないのが実情だが。

では、そうしたチームの土壌を作って、きちんと運営して、日ごろからしっかり管理するノウハウを、私はどのようにして学び、身につけたのか。それをじっくり読んでいただきたいのが第2章である。

第2章では、私が「カリスマ営業マン」と呼ばれていた中国電力時代を振り返る。いや、それは周囲からカリスマと呼ばれていたのではなく、原が自分でカリスマと称しているだけではないか、と思われている向きもあるだろう。だいたい、電力会社と言えば最も安定した基幹産業であり、しのぎを削り合う競争相手やライバル会社もいない。そういう地方大名のような企業に勤めるサラリーマンなど、さぞや〝親方日の丸体質〟でぬくぬくと宮仕え人生を送っているはずだ、という先入観も一般社会にはあると思う。

しかし、けっしてそうではない。私の場合、むしろまったく逆だ。正直なところ、中電への通勤生活は、毎日毎日、針のムシロのような時期さえあった。

私は1989年、中京大学から中国電力の陸上競技部に第一期として入社した。トップチームを抱える企業のような競技優先というわけではない。地域密着型の企業として、陸上を通した地域貢献、職場内の活性化という役目を求められて入社したのである。

中電のランナーとして中国駅伝に出場し、4年後の1993年には主将としてチームを率い、全日本実業団駅伝への初出場にも貢献している。しかし、それから間もなく、入社5年目にして、私は引退を余儀なくされた。1年目に右足首を捻挫して、その後遺症を引きずっていたことが直接の原因である。こうして、ふつうの社員としてではなく、運動選手として入社した人間が突然、ふつうの社員になったのだ。

ところが、ふつうの仕事をしようにも何もできない。27歳にしていきなり高卒の18歳の社員よりも劣り、上司が扱いに困る役立たずに変わってしまった。この穀潰しめ、という周囲の視線を感じたこともある。

それからは電力料金の計算、電気メーターの検針や集金など、電力マンとしてのイロハを一から学ぶ毎日だった。自分よりも年下の社員たちに混じって、いわば雑巾がけから出直さなければならなくなったわけだ。

そんなところへ持ってきて、ちょうどそのころ、日本の電力業界でも欧米諸国に倣い、電力の自由化が始まった。ただ漫然と電力を供給していればよかった時代は終わり、企業や学校や病院、店舗や工場や事業所など大口の顧客に対し、よりコストパフォーマンスの高いサービスやシステムを提供することが、電力会社にも求められる時代になった。

私の仕事も大きく変わった。こういう新型の機械を導入して、こういうふうに稼働させれば、1年の電力消費量をこれだけ安く抑えられますよ。そうしたら、かなりの省エネになるんですよ。一つお宅もやってみませんか、という「提案営業」である。

この時代の苦労が、青学でのチーム作りにどれだけ役に立ったことか。この営業マンとしての経験がなかったら、のちの箱根駅伝での初優勝はなかった、と断言してもいい。実際に読んでもらえれば、原はホラを吹いているのではないとわかるはずだ。

第3章では、恥ずかしながら、そんな私の生い立ちを書いている。

人間、誰しも突然変異するようにいきなり変われるわけではない。青学の監督になる前の私は、中電の営業マンだった。その前は、地元の世羅高校や中京大学でそれなりの実績を残した陸上選手だった。年齢とともにさまざまな経験を積んで、それを一つ一つ役立てながら今日に至っている。

では、私がそんな人生を歩むようになった背景とバックボーンには、何があったのか。

私の父親は教師だったが、必ずしも厳格な人間ではなかった。躾《しつけ》や教育にはそれなりに厳しかったものの、とにかく勉強をしろと、無理やり机に向かわされた記憶はない。

二つ年上の兄貴は近所でも有名なやんちゃ坊主で、両親も困り果てるほど荒れた時期があったと記憶している。そんな大らかと言えば大らかで、しかし芯のしっかりしたところのある家族に囲まれて、私は育った。

小中学生のころは兄貴に倣ってガキ大将になり、学校の仲間たちを集めてはいろいろな遊びやゲームを率先して行った。陸上に足を突っ込んだのは中学からで、このころはただ試合に出て走るだけではなく、部の運営に役立てようという思いから、みずから生徒会の会計係に立候補したりもしている。

いま振り返ると、当時の楽しかったこともつらかったこともひっくるめて、10代のころの経験が現在の私につながっているところが実に多い。

中電で挫折を味わった20代、青学の監督に転身した30代、そして箱根で初優勝した40代と、私の人生には年代ごとに大きな転機が訪れた。

しかし、それは何の前触れもなくやってきたわけではなく、実は幼少期や青春時代に源があったのかもしれない。

第4章は、私が2004年に青学の監督に就任して以来10年間、いかにして箱根駅伝に出場したか、そして優勝できるほどのチームを作り上げていったか、である。

などという書き方をするといかにも自慢話めくが、現実には失敗も多く、数々の辛酸を舐めた。一時は、優勝はおろか、箱根に出ることすら叶わないのではないかと、あきらめかけていた時期もある。

青学との縁を取り持ってくれたのは、世羅高校時代の陸上部の後輩で、地元広島の放送局に勤務している青学OBだった。すっかり忘れかけていた陸上への情熱を奮い起こし、強化委員会とOB会の前でプレゼンを行った私に、大学の理事会は嘱託での3年契約を提示する。

3年たって何の実績も挙げられなければ、裸同然で放り出されるかもしれない。すでに36歳で、妻もあり、広島市に一戸建ての家をローンで買ったばかりだった。生活の保障がほしくて、中電からの出向という形を求めたところ、これは当然のことながら、中電側にすげなく断られた。

それでも、自分の力を見込んでくれた後輩がいて、青学を紹介してくれたこのチャンスを、どうしても逃したくない。最初のうちは反対していた妻も最後は折れ、寮母として私の生活を支えてくれることになった。

こうして、陸上選手から営業マンになった男は、今度は陸上部の監督へ転身した。それも生まれて初めて暮らす東京で、である。

待っていたのは、艱難辛苦《かんなんしんく》と試行錯誤、と言えば聞こえはいいけれど、実際は右往左往と七転八倒の日々である。とりわけ、今時の学生たちの不規則な生活ぶりが、いっこうに改善されないことには手を焼いた。

門限は守らない。夜更かしはする。部屋にいないと思ったら、近所のコンビニで延々と漫画の立ち読みをしていた学生もいる。部屋で麻雀をやるのもいれば、こっそりとパチンコ台を持ち込んでいた者までいた。

私自身が将来性を買って、ぜひにと誘って入部させたのに、まじめに練習しようとすらしないで大学を辞めてしまった選手もいた。このときばかりは、さすがに裏切られた思いがしたものだ。箱根で優勝を果たしたいま、恨み言など言うべきではないのだろう。わかってはいても、この時期に味わった悔しさは忘れようとしても忘れられない。

結局、嘱託で契約した3年間は、予選会でもふがいない成績しか挙げられなかった。3年目の2006年は予選会で16位という最悪の結果に終わって、文字どおり崖っぷちにまで追い詰められている。間違いなく、私の人生で最大の危機だった。

しかし、それでも私は、自信だけは失ってはいなかった。いまだから明かせるのだが、私は青学の陸上部を監督するにあたり、1冊の〝虎の巻〟を持って行った。ここに書いてある理論を、私の営業術でもって選手たちに浸透させれば、優勝までは難しいとしても、必ず箱根で上位に食い込めるだけのチームを作り上げることができる。そういう、揺るぎない信念があった。

いわば、「勝てるチームを作るための営業戦略」、それがこの第4章には書いてある。ここまで読み終わったとき、なるほど、営業マンが勝つとはこういうことかと、読者の誰もが得心のゆく内容になっている、と筆者としては思いたい。


ひょっとしたら、これを読んでいるあなたの人生に起こった出来事とよく似た場面が、私の本にも出てくるかもしれない。

私が味わったつらさや苦難なら自分も経験した、こんな思いだったら自分も味わった、と感じられる部分もあるだろう。とりわけ、私と同じ40代後半から50代前半の中高年男性には身につまされる話も少なくないはずだ。

本書が、会社や職場で一人の社員として、中間管理職として働いているサラリーマンのみなさんの共感を得られれば、筆者としては望外の喜びである。

原晋

第1章 新・山の神の育て方

箱根駅伝優勝後、初の練習で顔を合わせる。左から5区を走った『新・山の神』神野大地、1区・久保田和真、2区・一色恭志、筆者
撮影：吉場正和

「ワクワク大作戦」が始まる

第91回箱根駅伝が始まる２０１５年（平成27年）１月２日の午前３時、私は元日から宿泊していた大手町のホテルで目を覚ました。顔を洗い、ジャージに着替え、グラウンドコートを着て部屋を出ると、33階建ての読売新聞東京本社ビルの前まで歩く。ホテルからこのスタート地点まで、約１・５㎞の道程だ。

夜空に瞬く星がきれいに見え、頬を撫《な》でる空気が刺すように冷たい。きょうは晴れか曇りか、気温は何℃から何℃まで上がるか、そうしたことをスマートフォンの天気予報でチェックしながら、スタートしてすぐ日比谷通りを左へ曲がる地点まで足を運ぶ。

ここに立ち、自分自身でこの日の風向きを確かめる。追い風か、向かい風か、どの程度の強さで１区を走るエースの久保田和真（３年）の身体に吹きつけてくるのか。そういうコンディションを確かめるのが、監督たる私の朝一番の大切な仕事なのだ。

この時、東京の天候は晴れ。最低気温マイナス２・２℃。湿度は26％。南東の風、風速３ｍだった。

前日の元日、私はいったん選手たちに別れを告げていた。往路を走る選手は、私と同じ大手町の宿舎に泊まった久保田を除き、２区の一色恭志（２年）は鶴見、３区の渡邉利典（３年）は戸塚、４区の田村和希（１年）は平塚、そして５区の神野大地（３年）は小田原と、それぞれの中継所の近くにあるホテルで一夜を過ごしている。

この日の往路のレースが終われば、6区の村井駿（3年）が芦ノ湯、7区の小椋裕介（3年）が小田原、8区の高橋宗司（4年）が平塚、9区の藤川拓也（4年）が戸塚、そして10区でアンカーを務める安藤悠哉（2年）が鶴見と、復路の選手たちが宿舎に入る。

スタートする直前、私はマネージャー、審判、関東学連（関東学生陸上競技連盟）のアシスタントなど、計5人で運営管理車に乗り込み、選手たちに伴走する。そのため、各区の選手が走る前、直接会って声をかけることはできない。前年までは許されていた監督による給水も、今大会から禁じられてしまっている。

だから、久保田以外の選手の状態を自分の目でチェックできるのも、必要があれば言うべきことを直接言えるのも、前日の元日までだったのだ。選手の体調に不安や異常のないことを確かめた私は、みんなにこう伝えた。

「明日、明後日、がんばろう。自分たちの力を出し切って、精一杯走れば、必ず結果はついてくるんだから」

こうして字にすると平々凡々にしか思われない言葉も、監督が選手の目を見て直接語りかけることが大切だ。こういう小さなコミュニケーションの積み重ねによって、改めてわれわれの目標とは何かを選手に再認識させることができる。監督と選手、選手と選手の絆と信頼関係をより強固にすることにもつながる。

青学の監督になって11年、私は常に、この「目標設定」を選手たちの意識に植えつけることを徹底してやってきた。これこそ、中国電力の営業マン時代に身につけた、私の指導法の要諦の一つである。

今回の目標はもちろん、ただ一つ、勝つことのみ。優勝だ。あとは、彼らを信じて送り出すしかない。きょうの往路ゴールの芦ノ湖、明日の復路ゴールの読売新聞東京本社前で、ともに笑顔で会えることを祈って。

そして迎えた1月2日の朝、私がスタート地点に来て30分ほどもたっただろうか、ふと気がつくと、周囲に続々とファンが集まっている。午前8時のスタートまでまだ4時間半もあるのに、20人、30人、40人とあっという間に人だかりがして、みんなが血眼になって場所取りをしている。

そんな熱気の溢《あふ》れる光景を見ているうち、私の胸の内にも、いよいよ今年も始まるな、という高揚感が盛り上がってきた。今年こそ優勝したい、いや優勝する、絶対に優勝するぞ。そういうワクワクする気持ちが高ぶり、抑えられなくなってくる。

創部97年目、私が監督に就任して11年目に初優勝を目指す今回のチームの計画を、私は「ワクワク大作戦」と名づけた。他校や陸上界の関係者には、何をふざけているのかと眉を顰《ひそ》める向きもあったようだが、こちらはまじめもまじめ、大まじめである。

青学最高タイの5位に躍進した２０１４年の箱根駅伝から1年、その「ワクワク大作戦」がもうすぐ始まる。これが成功するかどうか、可能性の50%は1区で久保田がどのような走りをするかにかかっている、と私は見ていた。彼が区間1位、もしくはトップに迫るスタートダッシュができれば、チームは出足から一気に勢いがつくだろう。

6時になって、久保田や各校の選手たちが待機場所へ移動する。それぞれの選手が思い思いに身体を動かし、入念にウォーミングアップをしているうちに、いよいよスタートの時間が迫ってきた。


何度もマスコミに語ったように、冗談ではなく、今回の箱根駅伝を前にして、私は本当に、心底からワクワクしていた。

箱根駅伝では毎回、参加21チームが前年の12月10日に16人のメンバー登録を行う決まりになっている。10区間を走る10人の選手に、補欠6人を加えた16人を登録するのだ。これはチームエントリーとも呼ばれる。

続いて同月29日、どの区に誰を走らせるかを決めてメンバー表を提出する。これが区間エントリーである。1区から10区まで、どの区にどの選手を走らせるか、21チームすべてが互いに手の内を見せ合うわけだ。

ただし、故障やアクシデントがあった場合に備えて、出走の1時間10分前までなら選手を補欠と代えることが認められている。このルールは当日変更と呼ばれており、駆け引きに利用する監督も多い。区間エントリーではあえて主力を補欠に温存しておき、ライバルの出方やメンバーを見てから、スタート前にその主力をエントリーするのだ。

青学の陣容は、私が監督に就任してから11年間で最高の充実ぶりを示していた。陸上部全体から誰と誰を16人に選ぶか。さらにその中から誰と誰を10人の枠に入れ、誰にどの区間を走らせようか。往路と復路を逆にしてもおもしろいし、当日変更一つ取ってもさまざまなやり方ができる。いくつものパターンが次から次へと頭に浮かんでは消えて、いろいろな組み合わせを考えているだけでだんだんワクワクしてくるのだった。

前年の14年は総合で5位に入り、青学最高タイとなった。となれば、今大会で狙うのは当然、優勝しかないと思うようになってきた。

また、選手たちもいろいろな方に激励され、マスコミの取材を受けるたび、「今年は優勝を狙っていきます」と何度も「優勝」の2文字を繰り返すようになったのだ。

ところが、12月に入り、16人のメンバー登録の日が近づいてくるにつれ、選手たちがワクワクする以上に、ドキドキ、ビクビクしている雰囲気が伝わってきた。私がチーム内でもマスコミでもあまりに再三「優勝、優勝」と連呼していたものだから、だんだんプレッシャーを感じる者も出てきたらしい。

これではまずい。メンバー登録の前日、12月9日に町田寮の食堂で行った全体ミーティングで、私は選手たちを前にこう宣言した。

「明日はワクワク大作戦でいくぞ！」

いったんこういうことを言い出すと、ついついどんどん舌が回って、止まらなくなってしまうのが私の昔からの悪い癖だ。

「おれたちは優勝するんだ、優勝できるだけの力があるんだ、だから何も怯《ひる》むことはない、みんなでワクワクしながら、楽しんで箱根を走ろうじゃないか。

箱根のファンにも青学のレースを楽しんでもらおう。いつも明るく、ニコニコ笑顔で、躍動感に溢れた走りで、沿道やテレビの前のみんなに、お正月から元気で幸せな気持ちになってもらうんだ。どうだ、みんな！」

延々と熱弁をふるう私に、選手たちは失笑していた。「ヘッ」とか、「ハハッ」とか、そんな声が聞こえて、しょうがねえな、うちの監督は、とでも言いたげな目つきでこちらを見ている。まあ、今時の学生はこんなオッサンのベタな演説などでは盛り上がるまい。ただ、それでも、緊張感をほぐす効果ぐらいは十分にあったと自負している。

何かにつけて、こういうキャッチフレーズを前面に打ち出す。これが、私のいちばんのセールスポイントでもある。

たとえば、14年の第90回大会では、「S作戦」なるものをぶち上げた。9区と10区を走る選手二人が私と同じ世羅高校出身の選手だったからである。まあ、駄洒落のようなものだ。

その前年、13年の第89回大会では、「マジンガーZ作戦だ！」とやった。往路で6位に終わり、首位に6分12秒差と突き放されて、こんな苦し紛れのコメントを口にしている。
「こうなったら、10区を走るうちのエース、キャプテンの出岐（雄大＝当時4年）にアンカーでがんばってもらうしかない。アンカーは最後の選手、アルファベットの最後の文字はZ、だからZ作戦です。マジンガーZのように風に立ち向かっていってほしい！」

スタート前、エースにかけた言葉

こういうフレーズを考えるとき、またさまざまなメンバー表を作っては頭をひねっているとき、私が常に相談している相手が妻の美穂だ。何をやるのにも、紙に書いて妻に見せては、こういうのはどうだ、こんなのもいけるんじゃないかと、彼女から意見を聞く。多いときは一日に2回も3回も。

言うまでもなく、妻は私にとってかけがえのない伴侶である。同時に、青学の町田寮の寮母でもある。つまり、公私にわたって、私が最も信頼しているパートナーなのだ。

妻は私と同じ1967年生まれだが、誕生日は私が3月、彼女が5月なので、学年では一つ下になる。中国電力時代に知り合い、1995年に結婚して、2004年から私が青学陸上部の監督に就任するとともに、彼女も町田寮で一緒に暮らすことになった。

妻の仕事は、寮の生活全般を切り盛りし、選手たちの生活の世話をすること。正式な肩書は、監督の私が寮監なので、彼女は用務員。選手たちには「奥さん」と呼ばれていて、持ち前の明るい性格から、けっこう慕われているようだ（と思う）。

そんな妻の目、寮母としての観察眼、これがなかなか侮れないのである。

寮母は毎日選手が朝練習に出た後、朝6時に起床する。それから選手の朝食を準備し、夜10時の消灯時間まで生活をともにしている。そうしたふだんの暮らしの中で、彼女は選手の体調や顔色をさりげなく観察しているのだ。

実際の心身の状態というものは、いくら顔や口調で平静を装うとしても、朝一番の動作や仕草に出やすい。

たとえば、前日の練習がきついと感じているとき、あるいは筋肉や内臓の状態が思わしくないときなど、選手は本能的にそれを隠そうとする。だが、起き抜けに妻と目を合わせた表情、朝食を口に運ぶ仕草などで、これは本調子ではない、どこか痛めているのかもしれないな、と妻はピンとくるわけだ。

「ちょっといつもより顔色が悪いみたいなんだけど、大丈夫かしら。どうも本人はたいしたことないと思ってるようだけど」

そんな妻にしかわからないほんのちょっとした異変が、実は治療を要する故障や病気の兆候だったりする。そうしたことをしっかりチェックしている彼女は、私にとって最大のアドバイザーでもあるのだ。

そういう意味では、1区を任せた久保田は最も気がかりだった選手の一人である。彼は前年、2年生の秋に右膝を痛め、2月に腸脛靱帯炎《ちょうけいじんたいえん》の手術を受け、約4ヵ月も治療とリハビリに費やして、ようやく秋から練習を再開したばかりだったからだ。

久保田には、彼が九州学院高校（熊本県）の1年生だったころから注目していた。陸上競技部監督の禿《かむろ》雄進先生とは以前から懇意にさせていただいており、同校からはほぼ毎年のように選手が青学に進学している。

私がいつものように九学を訪ねると、身体がほとんど上下に揺れることなく、スーッと実に滑らかな動きでグラウンドを走っている子がいる。ふつう、高校1年はまだ成長途上で身体ができておらず、体幹もしっかりしていないため、ユラユラ、グラグラしたところがあるものなのに、この子にはそうしたブレがまったく見られなかった。

おそらく、天性の素質だろう。ケニア人選手並みのアキレス腱の持ち主にも見えた。

この時点で、私は彼の中学時代のタイムはおろか名前さえ知らない。それでも思わず、「先生、あれ、いいですね」と禿先生に尋ねたら、「そうそう、いいんだよ」という答えが返ってきた。それが久保田だったのだ。

「きみ、いい走りをするね」

このとき、久保田にかけた言葉はこの一言だけだった。が、あとで聞いたら、久保田は私の言葉をずっと覚えていたそうだ。

予想どおり、久保田はのちに全国高校駅伝で区間賞、全国都道府県対抗男子駅伝でMVPを獲るなど、華々しい活躍を見せる。私はそうした試合を見に行っては、「こういう場面で、こうするところが、きみはいいんだよね」と久保田に具体的な長所を指摘した。

そのころから、久保田は自分が青学に進むことになっていると感じていたようだ。自分の先輩が毎年私にスカウトされていることもあって、違和感なく青学への進学を決めたという。スカウティングも、監督と選手の絆と信頼関係を作り上げる過程の一環だ。

青学陸上部への入部が決まったとき、私は久保田に改めてこう言った。

「エースとして獲ったんだからな。将来は、うちの看板選手になってくれよ」

ところが、久保田は大学2年になって右膝腸脛靱帯に炎症を起こした。「手術しないと競技を続けることはできない」と医者に宣告されて、彼は一時絶望的な気持ちに陥った。

しかし、私自身が医者に確認すると、「歯で言えば親知らずを抜くようなものだ。手術をしても半年で走れるようになる」という。もちろん、3年になって箱根駅伝に間に合うかどうか、それは手術後のリハビリ次第だ。復帰を焦ってまた故障したりしたら元の木阿弥、いや、彼の将来にもかかわってくる。私は、久保田を懇々と諭した。

「手術を受けたらダメになると思ってはいけない。チームのために早く戻らなければならないなんてこともいっさい考えるな。この手術を乗り越えれば、きみはきっと大成するから」

走れない久保田を落ち込んだままにしてはおけない。その一方、復帰を急かしてもいけない。それでも、3～6月と、まったく走れない状態が続くと、久保田の表情にジリジリとした焦燥感が漂うようになる。

そこで、私はさりげなく彼に伝えた。

「箱根のスタートラインに立てさえすれば、それでいいじゃないか。そこまで回復できたら、おれは必ずおまえを使う。どの区間でも5位以内で走ってくれりゃあ十分だよ」

だから、落ち着いてリハビリに専念しろ、ということである。

久保田は秋から練習を再開、10月には競技会にも参加できるようになる。11月下旬には1万mで自己ベストを更新するぐらいに調子を上げてきた。久保田のほうから私に売り込みがあったのはそのころだ。

「ぼく、1区を走りたいんですけど」

エースがここまで復調し、やる気になっているのなら、ただ単に1区を走らせるだけではもったいない。他校に脅威を与えて、彼のモチベーションをもう一段階引き上げられるような演出をしてやろう。

そう考えた私は12月10日のメンバー登録で久保田を登録したのち、同月29日の区間エントリーではあえて彼の名前を外し、代わりに1区に秋山雄飛（2年）を入れた。秋山も力のある選手だが、果たしてそのまま1区に起用されるのか、それとも秋山はおとりで、実際は補欠の久保田や他の選手が走るのか、そもそも、久保田はどの程度回復しているのか。久保田が16人のエントリーに入ることで、他校はこのように疑心暗鬼になるはずだ。レース前には心理的な駆け引きも必要である。私は久保田の補欠登録により、青学が他校にとって、より不気味な印象を与えられたとは思っている。

一方、優勝候補の本命と見られていた駒澤大学が、私の予想どおり1区に主将の中村匠吾、2区にエースの村山謙太（ともに4年）を配して、序盤からスタートダッシュをかけるべく万全の布陣を敷いてきた。

駒大はこの年の全日本大学駅伝で優勝しており、箱根でも7年ぶりの総合優勝を狙っている。全日本で駒大の後塵《こうじん》を拝し、2分48秒差で3位に終わったわが青学としては、1区からどんどん攻めていかなければならない。

12月29日の区間エントリー後、チームの状態が良いこともあって、いつも以上にテンションが高ぶっていた私は、「駒澤の独走はダメよ〜ダメダメ！作戦」と称し、「1区は久保田でいく」とマスコミ各社に明かした。久保田本人は翌日のスポーツ紙を見て「監督言っちゃったんですね」と私に言っている。そういう彼自身がワクワクした表情だった。

「監督がここまでしゃべっちゃったら、もうやるしかないですね」

1月2日、当日変更のルールを利用し、スタートの1時間10分前に秋山を久保田と入れ替えた。実のところ、当初1区に配置していた秋山は、数週間前から足の故障を抱えており、出走できる状態ではなかったのである。

このエントリー変更が、優勝の大本命・駒大や他大学の陣営に対してどれだけの動揺を与えられたかは定かではない。しかし、久保田の復活レースに向けてのお膳立てはできたと思う。そして、久保田本人には改めてこう言った。

「おまえの自由にやってくれ。レースプランも何も、すべておまえに任せるから」

なぜ4区で優勝を確信したか

午前8時、冬空に鳴り響く号砲とともに、往路の選手たちが一斉にスタートを切った。

久保田は私の期待どおり、いや、期待以上の走りを見せてくれた。すぐさま先頭集団の中に入ると、区間賞本命の駒大の中村を後方に追いやり、いちだんとギアを上げる。一時は集団から抜け出し、トップを快走するほどの勢いだった。今年の青学はやるかもしれないと、他校や大会関係者、テレビ観戦している全国のファンもそう思ったはずだ。

結局、最後は中村に抜き返され、トップで鶴見中継所に到達することこそできなかったが、中村に次ぐ2位で2区の一色恭志（2年）にタスキを渡している。手術による不安やブランクなどみじんも感じさせず、1時間02分00秒で区間賞を獲得した中村に、あと僅か1秒と迫る力走だった。

この時点で、よし、優勝の確率は50％だ、と私は直感した。いくら何でも気が早いと思われるかもしれない。だが、私の過去の経験からすると、1区をイメージどおり、計画どおりに走れたかどうかは、その後のレース展開を大きく左右するのだ。

2区の一色は非常にポテンシャルが高い。将来、日の丸を背負ってオリンピックに出場する可能性を持つほどの選手だ。彼には、久保田とは逆に、けっしてハイペースで飛ばすな、最後の最後まで我慢しろ、と伝えた。

昔から「花の2区」と呼ばれるこのコースには、後半に権太坂と呼ばれる難所がある。前半は平坦な道が続き、各校ともエース級の選手を投入しているため、どうしてもほかの区よりペースが上がり、トップスピードで権太坂に突っ込んでいきやすい。

まして、一色はオリンピック級の力と素質を秘めた選手だ。周囲のペースの速さにあおられたら、序盤から飛ばす恐れは十分ある。

しかし、本当の難所はその権太坂を過ぎたところ、戸塚中継所まで残り3㎞の急勾配にある。私は、一色に言っておいた。

「絶対に周りのハイペースに巻き込まれないように。最後の急勾配まできたら、先頭は間違いなくペースダウンする。そこまで、しっかり辛抱しなさい。先頭が見える範囲内の中でついていけばいいんだから」

そして、最後の3㎞に勝負をかけろ。私の指示どおりに走った一色は、東洋大、駒大とともに上位3チームがほぼダンゴになって戸塚中継所に到達する。一色自身は3位に終わったのが相当悔しかったらしく、区間賞の東洋大・服部勇馬に勝ちたかった、とぼやいている。とはいえ、監督としては十分に合格点を与えられる走りだった。

3区の渡邉利典(3年)も大会前に心配していた選手である。というのも、この箱根は初出場、それ以前に三大駅伝(箱根駅伝、出雲駅伝、全日本大学駅伝の総称)も未経験、それに関東学生インカレ(インターカレッジ)や日本インカレにも出場したことのない選手だった。

渡邉は3年でありながら、最も経験や実績に乏しい選手だったと言っていい。選手たちも、私が3区に渡邉を起用したことに驚き、当日変更で別の選手を投入するのではないかと思っていた者もいたようだ。

しかし、箱根は10人が10人、速くて絶好調の選手をそろえられるわけではない。1区にエース、2区には将来のオリンピック候補、もっと力のある選手は4区と5区に温存しておきたいとなると、3区はどうしても経験の乏しい選手を投入せざるを得ない。野球の継投にたとえるなら、渡邉は3番手の中継ぎピッチャーということである。

こういう選手の場合、エースと同じように扱うわけにはいかない。競技実績のない渡邉は、まだ本当の自信をつかんでおらず、箱根で結果を出せるかどうか、不安に思っているはずだ。そんな選手の潜在能力を引き出し、戦力として使えるようにするには、彼に合わせたアプローチが必要になる。

久保田と同じように、私が直接、「おまえは強いんだ」と言っても、渡邉にはまだ自分にどの程度の力があるのかわかっていない。「好きなように走れ」などと言ったら、かえってプレッシャーを感じてしまうだろう。

そこで私はマネージャーを使った。箱根のメンバー登録を1ヵ月先に控えた11月ごろ、渡邉の練習を見ながら、マネージャーの前でさりげなくこんなふうにつぶやいてみせた。

「渡邉の走り、いいんだよな。おれ、あいつを箱根で使いたいんだよなあ」

こうすれば、私の言葉はすぐマネージャーを通じて渡邉本人に伝わる。

「おい、利典、監督がおまえを使う気でいるぞ。おまえのこと、評価してるんだよ」

マネージャーにそう言われ、渡邉は戸惑いながらも、だんだんモチベーションを上げていったようだ。そして、いよいよ箱根の前日を迎えたとき、私は渡邉にこう言った。

「いいか、周りに自分よりも速い選手がいるからといって、惑わされちゃいかんぞ。焦る必要はない。区間5位でいいんだから。そう思って、自分のペースで走ってこい」

その結果、渡邉は区間5位で平塚中継所へやってきた。私が「5位でいいんだから」と伝えた、そのとおり過不足のない結果を出して4区の選手にタスキをつないだのだ。

このとき、首位を独走する駒大とは49秒差をつけられていた。戦況を見つめるファンやマスコミには、やはり今年の優勝は本命の駒大か、と思われていたかもしれない。しかし、わが青学が優勝する確率は確実に高まっている、と私は見ていた。この程度の差なら、いずれは追いつける、と。

4区は1年の田村和希である。1年だから当然、3区の渡邉と同じように箱根への出場は初めてだが、彼は山口県の強豪・西京高校出身で、即戦力と期待して獲得した選手だ。5000mの自己ベストは14分03秒47と、1年にしてすでに青学のメンバーの中で屈指の爆発力を誇っている。

しかし、実を言えば、この人選はスンナリとは決められなかった。大会直前まで迷いに迷い、前日昼になってやっと断を下したというのが真相だ。まさに苦渋の決断である。

当初、4区には3人の候補を考えていた。1番手が田村、2番手が3年の山村隼、3番手が1年の中村祐紀だ。最も力があるのは、言うまでもなく田村である。優勝を狙うために勝負をかけるなら、田村以外にあり得ない。

力より安定感で選ぶとすれば、3年の山村隼である。前年の14年も4区を走って、区間7位の実績もある。優勝の可能性は田村より低くなるが、最低限10位以内には入れるだろうから、来年のためのシード権は確保できるだろう。

山村は絶好調だったが、万が一調子を崩し、満足に走れそうにないとなれば、1年の中村祐紀を使うことを考えていた。さまざまなリスクを考慮しながら、三段構えで選手を用意していたわけだ。

4区の前の3区は、先頭集団に突き放されなければそれでいい。実績のない渡邉を投入する以上、3区でライバルに差をつけるようなレース展開は端から考えていなかった。

そして4区の次、往路最後の5区は、神野大地でいくと早くから決めていた。2012年に東洋大学を総合優勝に導いた「山の神」柏原竜二の活躍を見てもわかるように、5区を制すものは箱根を制す。あの激しい上り坂で優勝争いができる選手は、うちのチームには神野しかいない。

だからこそ、その神野につなぐ4区のランナーを誰にするかが重要だったのだ。私自身が大会前からマスコミに話していたように、首位から2分以内でタスキを渡せれば、あとは神野が何とかしてくれる、5区でトップに立てる可能性は十分ある。そうなれば、まさに理想的なレース展開となる。

しかし、誰が「2分以内」で神野にタスキを渡すのか。なかなか判断がつかなかった。この選手ならと見込んでいた田村が、12月中旬になって体調を崩したからである。

この大事な時期、田村は非常に重要な練習を2度休んだ。腹を壊して、満足な食事すらできなくなった。箱根に間に合うか、それとも無理か、ギリギリまで待とうと決めた中、時間だけが過ぎ去ってゆく。

１週間前、５日前、３日前と田村の状態を観察していたが、まだ４区を任せられるほど体調が上がってこない。12月10日のメンバー登録では田村も山村とともにリストに入れたものの、同月29日の区間エントリーでは山村を４区に入れ、田村は補欠に回さざるを得なかった。おそらく、山村は自分が箱根に出るものと思い込んでいたはずだ。

その矢先、年が明けた元日、つまり箱根の前日になって、田村がようやく回復したのである。前日調整の練習で、久しぶりに好調時と同じ動きを取り戻したのだ。

もっとも、それだけではまだ、全幅の信頼を置くわけにはいかない。実際はほんの少し体調が上向いた程度で、箱根に初出場しようと無理をしているのかもしれないからだ。

こういうとき、誰よりも役に立つのが妻、すなわち寮母の目である。田村が食事をする姿を観察していて、壊していたお腹が元どおりになったという確信を持ったらしい。

「ふつうに食べていたから、もう大丈夫じゃないかな。顔色もすっかりよくなったわ」

先述したように、選手の様子、動作、表情を日ごろからきちんと見極めていることにかけて、妻は私以上の観察力の持ち主だ。彼女が「大丈夫」と言うのなら間違いない。

こうして、元日の12時半、昼の練習を終えたところで、私は４区を山村から田村に変更することを決定した。

山村のほうには、彼が４区から外された理由をきちんと説明しなければならない。田村に比べて、いまの山村には何が足りないのか、それが優勝争いにどう影響してくる恐れがあるのか、を。

「4区は毎年、ハイペースになる。そういう速いペースの中でレースをするには、5000m、1万mといったトラックのタイムを上げなきゃいけない。でも、山村はこの1年間、そのタイムが上がってこなかったよね。たぶん、いままで4区を走っても、大きなブレーキにはならないだろう。しかし、田村に比べると、いまのおまえの力では物足りないんだよな」

落選の理由や選手の弱点を指摘するだけでなく、来年に向けての課題を説明することも重要だ。意気消沈している山村に対して、私は言葉を重ねた。

「春から、もう一回、トラックに取り組もう。5000m、1万mで自己ベストのタイムを出そう。それができれば、またチャンスも回ってくるから」

目の前でうなずいた山村が、納得していたかどうかはわからない。そのときはショックのほうが大きく、私の言葉を素直に受け入れられなかったとしても無理はない。

これは、監督としても非常に心の痛む場面である。箱根の晴れ舞台が明日に迫った前日に、ギリギリのタイミングで選手をメンバーから外さなければならないのだから。殺生といえばこれほど殺生な話もなく、選手の恨みを買ったとしても仕方のないところだ。

しかし、4区の結果を見て、山村も自分に足りないものに気づいてくれたはずだ。3番手だった中村にも、なぜ4区で起用できなかったか、どうすれば今後箱根で走れるようになるか、きちんと説明している。

田村は私の期待以上の走りを見せ、過去の最高記録を06秒縮める54分28秒という区間新記録で区間賞を獲得したのである。神野がタスキを受け取ったとき、首位をゆく駒大との差は46秒。依然として、相手は独走態勢を崩していない。

それでも、私はこのとき、ほぼ確信に近い思いを抱いていた。46秒差なら、いまの神野にとって物の数ではない。今大会は、99・9％、うちが優勝する。

とはいえ、それほど自信のあった私でも、まさか、神野が柏原を上回る新記録をたたき出そうとは、夢にも思わなかった。

伸びる子供、伸びない子供

神野大地と初めて出会ったのは2010年夏、青学が合宿を行っていた長野の菅平高原だった。神野が通っていた中京大中京高校（愛知県）もここで合宿を行っており、私が同系列の中京大学出身だったこともあって、以前から懇意にさせてもらっていたのだ。

ちょうど夏期合宿のピークの時期で、私が足を運んだクロスカントリーのコースでは、大勢の中学生や高校生が走っていた。その中で、ピョンピョン、ピョンピョン、さながらウサギが跳びはねるように走っている小さな少年がいたのである。

あのときのインパクトはいまだに忘れられない。何人、何十人もの中高生が走っている中で、その少年の姿がまるで周囲から浮かび上がっているように見えた。ひときわ目立つ輝きを放っていた、と言ってもいい。

その少年のユニフォームの胸に、「中京大中京」と書いてある。私はすぐさま同校陸上部監督、小田和利先生の元へ駆け寄った。

「先生、あの選手、いいですねえ。強いんでしょう？　何年生ですか」

矢継ぎ早に、そんな質問を浴びせた覚えがある。小田先生はこう答えた。

「もう2年生なんだよ。身体は小学生みたいに小さいけどね」

確かに、当時の神野は身長161cm、体重38kgと、見るからに華奢《きゃしゃ》だった。中学時代までは陸上だけでなく、土日だけクラブチームで野球もやっていたそうだが、身体が小さいから危ないという理由で、試合に出場させてもらえないほどだったという。

そんな神野の素質を見抜いた小田先生が、中京大中京高校へ誘って熱心に鍛えていたのだ。ちなみに小田先生は早稲田大学の陸上部OBで、箱根駅伝に4年連続で出場した経験を持つ。神野と箱根との縁は、この小田先生が取り持ったのかもしれない。

「性格や精神面はどうなんですか」

「気持ちは強いよ。非常にまじめな選手だ」

あの走り、あのバネに加えて、人間的にもしっかりしているのなら、将来は間違いなくすばらしいランナーになるだろう。私はその場で小田先生に頼み込んで、その夜のうちに神野に会わせてもらう約束を取りつけた。

宿舎のホテルで面と向かうと、改めて神野の身体の小ささを実感した。だが、それ以上に、目を輝かせ、私の顔をまっすぐ見て質問に答えるその表情に、芯の強さ、内面の熱さを感じないではいられなかった。

実際、彼は昔からこう言っている。

「ぼくは勉強ができないんで、陸上でダメになったら、自分の人生は終わると思ってるんです。だから、人生を賭けて走ってます」

それほどの情熱と根性を持つ神野も、実は当時はまだそれほど速かったわけではない。

高校の選手をスカウトする場合、５０００ｍを14分40秒以内で走れるかどうかが最低限の目安となる。箱根の4区を走った田村は、大学1年ですでに14分03秒47という好タイムを誇っていたが、神野はそこまでの選手ではなかった。

私と会った当時はまだ14分50秒台前後と、やっと15分を切るようになったばかり。そのうえ、坂道はどちらかと言えば苦手だという。だから、まさか、神野が柏原を超える山の神になろうなどとは、このときは私も神野本人も想像もしていなかった。

実を言えば、菅平高原で神野を見たとき、神野より速い選手はほかにいた。菅平での坂上り練習でも、速さだけなら神野の上をいく選手が3〜4人はいたはずだ。むろん、神野も上位5人の中には入っていたが。

それでも神野を獲得しようと思ったのは、やはりあの躍動感のある、独特の跳ぶような走りだった。より専門的な言い方をすると、足回りにおかしな癖がないことである。跳ぶように走っていくには、足の接地時間が短く、リズムよく地面を蹴らなければならない。ベタッ、ベタッと踏みながら進むのではなく、パッパ、パッパ、と前進する。そういう走りには、生まれ持ったバネが必要だ。神野は、そのバネが人一倍優れていた。

私は何度も、神野に向かって強調した。

「きみは身体は小さいけど、誰にも負けないバネがあるよね。そのバネを生かして、身体を大きく使って走るフォームがすばらしい。誰にでもできる走りじゃない。そのスタイルでやっていけば、将来は間違いなく、もっともっと強くなるよ」

気がついたら、その夜のうちに「縁があったらぜひ一緒にやろう」と、私は神野をスカウトしていた。初めて会った高校2年の選手をその場で口説くなど、それまでほとんどなかった。

そして、私が予想したとおり、神野はその年の秋には5000mの自己ベストを14分26秒台に上げる。夏から秋までの間に、30秒もタイムを縮めた。伸び盛りのこの時期、バネのある選手は鍛えれば鍛えるほど、そのバネが強くなる。そういうバネは練習によって作れるものではない。神野のような選手が生まれ持っている天賦の才なのだ。

ところで、神野のほうは、ああだこうだと話しかける私について、どんな印象を持ったのだろう。のちに、こう語っている。

「いい走りをしてるねと、ぼくのスタイルを褒めてもらったのがすごくうれしかったですね。当時はまだそれほどタイムが出なかったころなんで、そういうときに、そのフォームはいい、いまは力がなくても、将来は絶対に伸びると言われたことはいまも覚えてます」

青学についても、最初からいいイメージを抱いていたようだ。

「2010年は、ちょうど青学が41年ぶりにシード権を獲得した年で、これから上がってきそうだというか、いますごく伸びていて、これからのチームだと感じました。それに、学校自体のブランドもありますよね」

正式に進学を決める前には、両親と町田寮の見学にもやってきた。この寮の雰囲気も、神野はいたく気に入ったらしい。

「明るくて楽しそうだなあ、と思いました。同じ大学に行って陸上をやるんだったら、変にギスギスしたところより、こういうところのほうがいいだろうな、と。やっぱり、ストレスを感じながら陸上をやるよりも、明るく楽しくやるほうがいいですからね。そういう意味で、青学はぼくの希望にピッタリだったんで、ここにしようと決めたんです」

そんな神野が青学に入り、毎日接するようになって感じたことは、自分の言葉を持っていることである。青学では毎日、朝食の前に輪番制で一言スピーチを行なう。その話し方が、とにかくしっかりしているのだ。これは、久保田についても同じことが言える。チームの柱であるこの二人の表現力は、いま社会人として世に出しても、企業に勤めるサラリーマンに引けを取らない。

いささか話は脱線するけれど、全国の高校をスカウトして回っていると、「はいっ!」という返事だけはやたらと元気がいいというタイプの学生が実に多い。「がんばってる?」と聞いたら「はいっ!」と威勢よく答えるので、「どんなことをがんばってるの?」と聞くと、これにも「はいっ!」と答えるだけなのだ。こういうタイプは、大学で競技生活を続けても、たいした選手にはならないだろう。

神野自身は「坂道はずっと苦手だった」と言いながら、その坂道を克服する走りをこのように説明している。

「5区のように延々と上りが続く場合は、坂が得意かどうかということよりも、我慢強さが最大のポイントになると思います。すごく速いペースで走ることはできなくても、自分のペースを維持して我慢強く上っていくことならぼくにもできる。そういう走りをするうえでは、体重が軽いことも有利ですから」

こういうことを自覚している選手に、あらかじめ「おまえにはこの区を任せる」と言い聞かせる必要はない。むしろ、本人には何も伝えないまま、大勢の報道陣が集まった記者会見の場で、いきなり発表したほうがモチベーションが高まる。それだけ、監督のおれはおまえを信頼してるんだ、という意思表示にもなる、と私は考えた。

「5区は神野でいきます！」

12月20日、青学での記者会見で、私がそう言ったとき、神野は何を考えていたのか。

「とくに驚きはありませんでした。チームが優勝するためには、山で一番にならなければならないということはわかってましたから。自分自身、もう山に向けて調整していましたので、こうして任せてくれるということは、それだけおれに期待してくれてるんで、本番でやってやろう、という気持ちになりました」

そして、神野はやってくれた。小田原中継所で、駒大に46秒差の2位で田村からタスキを受け取ると、芦ノ湖に向かって跳ぶように駆け上がっていった。

20㎞弱続く坂道の10・2㎞地点で、前をゆく駒大の馬場翔大を捉える。200mほど併走し、一気にスパートをかけると、もう馬場に神野を追いかける力は残っていなかった。

芦ノ湖へ向かって、走るほどに、上るほどに、神野はぐいぐいスピードを上げ、勢いを増してゆく。気がついたら、もう柏原の記録を超えるペースだ。運営管理車から神野の姿を見つめていた私は、マイクを握って叫んだ。

「もう柏原の記録を超えてるぞ！　山の神になれるぞ！　神野が新しい山の神だ！」

私の声が聞こえているのか、いないのか、神野のペースはぐんぐん上がってゆく。

「いま、2位に3分差だ！　この調子なら4分差いけるぞ！　4分差狙え！」

駒大をはじめとするライバルに一気に差をつけ、戦意を挫くにはここしかない。神野がこの坂で1分でも1秒でも後続との差を広げれば、それだけうちのチーム、わが青学の初優勝はより確実なものとなる。

いや、いまこそ、往路だけでなく、事実上の優勝が決まろうとしているのだ。私は声を嗄《か》らして神野にゲキを飛ばし続けた。飛ばさないではいられなかった。そんなにうるさいことを言わなくても、しっかり走ってくれる選手だということはわかっていても。

この5区は今大会からコースが変更され、20m延長された。かつての名所、塔ノ沢温泉付近の函嶺《かんれい》洞門が老朽化によって封鎖され、脇に新設されたバイパスを通ることになったためである。これに伴い、2012年に柏原が樹立した区間記録1時間16分39秒は参考記録扱いとなった（総合優勝した東洋大の総合記録10時間51分36秒をはじめ、6区、往路、復路の記録も同様）。

ただでさえ驚異的な記録だったうえ、たとえ僅か20mでも距離が延びたいま、もはや柏原の区間記録を抜くことなど不可能だろう、と誰もが思った。それは私はもちろん、神野も同じ思いでいたはずだ。

ところが、神野はいま、その柏原をはるかに上回るペースでフィニッシュラインに向かっているのだ。信じられない。言葉がない。

新たな山の神が、両腕を振り上げ、小さな身体で大きく胸を張り、ゴールテープを突っ切ってゆく。柏原の12年の記録を実に24秒も更新する区間新記録の1時間16分15秒。青学の往路記録もまた、12年の東洋大を47秒更新する5時間23分58秒。この時点で、東洋大、駒大を抜き、2位に浮上していた明治大学とは、4分59秒もの大差がついていた。

「完全なる柏原超えですね。すごいなあ。スーパー神野ブラザーズ、超人・神野だな」

こういうときでも、どこかで笑いを取ろうとするのが私であり、青学のチームカラーである。神野もこんなジョークを飛ばした。

「スタート前、選手の招集で、スタッフの方に〝じんの〟と呼ばれたんですけど、これで〝かみの〟だっていうことを覚えてもらえたんじゃないでしょうか」

そう言って笑わせた神野自身も、これほどの走りができるとは予想外だったという。

「何度も練習を重ねて、自分的には78分30秒ぐらいではいけるだろうな、という気持ちで臨んでました。ポイント、ポイントで、このぐらいでいきたいなと、自分でタイムを計算しながら走ってたんですよ。ずっと1分ほど早くいけてたので、あっ、本当に調子がいいんだなあと、自分でも思いましたね」

新・山の神の本当にすごいところは、あれほど驚異的なペースで走っていながら、そういう自分自身を常に冷静に見つめ、客観的に分析できていることかもしれない。

芦ノ湖で往路優勝を決めた直後には、部員たち全員により、お約束の胴上げが行われた。81kgの私、43kgの神野がそれぞれ3回ずつ宙に舞う。このとき、私が4区から外した山村のコメントが傑作だった。

「監督の胴上げは優勝の重みを感じました。神野は空高く飛んでいきました」

これもまた青学らしさである。私の助言を理解してくれたのか、彼は箱根駅伝が終わると、課題克服に向けて黙々とトラックの練習に打ち込み始めたことを付記しておこう。

ケガ、震災に泣いたランナーたち

あくる3日、復路のスタートを控えて、私はテレビインタビューでこう宣言した。

「5分差と言えばセーフティリードですが、けっして守りに入ることなく、最後まで攻めていく。われわれは負けません」

事実上の優勝宣言である。

とはいえ、もう勝ったも同然だと浮かれていたわけではけっしてない。とくに、最も心配していたのは、芦ノ湖から小田原へと向かう6区の下りである。

当日、芦ノ湖の朝6時の気温はマイナス6℃。道の両脇にはまだ雪が残り、路面が凍結しているところもあった。ここで滑って転倒したり、あるいは肉離れでも起こしたりして途中棄権せざるを得なくなったら、ここまでの往路の独走はすべて水泡に帰す。

「いいか。リードは5分もあるんだ。おまえの力なら、落ち着いて走れば大丈夫。焦ってケガをしたりするんじゃないぞ」

私がそう言って聞かせた6区のランナーは3年の村井駿だ。

彼は前年14年も6区を走らせたが、区間18位と大きく失速してしまい、敗因の一つになった。彼にとっては屈辱だっただろう。私やほかの選手以上に悔しかったに違いない。確実に勝ちにいくなら、6区をほかの選手に任せる手もあった。

しかし、私はあえて同じ6区に村井を投入した。去年失速したのと同じコースで、今度こそ優勝に貢献してみせろ。そういう起用に村井が応えて、その姿がまたチームに勇気を与えてくれると信じたかった。

そして、私の期待どおり、村井は前年の苦い経験をしっかり生かしてくれた。十分リードを保って小田原中継所に駆け込み、タスキをつなぐと、こう言って胸を張った。

「前回は大ブレーキになって、監督やチームのみんなに迷惑をかけました。そのお返しがきょうできたかな、と思います」

気がかりだった6区を無事に終え、独走態勢にさらに拍車がかかる。7区の小椋裕介（3年）、8区の高橋宗司（4年）、9区の藤川拓也（4年）と、3区連続で区間賞を獲得したのだ。いまや、2位以下との差は開くばかりだった。

とりわけ、7区の小椋の走りには目を見張った。1時間02分40秒という好タイムで、12年に東洋大の設楽悠太がマークした区間記録にあと8秒と迫るスピードである。しかも、彼は終始笑顔で走り通したのだ。

8区の高橋には特別な思い出がある。彼は宮城県東松島市、つまり東日本大震災の被災地出身だ。家族が津波の被害に遭って、お姉さんの沙織さん（享年22）を亡くしている。それも、11年3月10日に町田寮に入寮した翌日のことだった。

おそらく、家が津波に襲われる直前だったのだろう、お姉さんは高橋の携帯電話にメールをよこしている。

「宗司、やばい。家が大変だ」

そのメールを私に見せながら、高橋は祈るように言っていた。

「こうしてメールが来てるんですから、お姉ちゃんはたぶん、どこかで生きていると思うんですよ」

私はすぐさま、大急ぎで高橋を東松島へと帰した。飲料水とか歯ブラシとか、取るものもとりあえずといった体で、親戚のおじさんが運転してくれる車に乗り、10時間以上かけて実家へ辿《たど》り着いたという。

しかし、残念なことに、高橋のお姉さんはすでに帰らぬ人となっていた。最愛の家族の一人を失い、心に空洞を抱え、悩み続けていた彼の胸中はいかばかりだったろうか。

「いま、きみにできることは何だと思う？」

お姉さんの他界からしばらくたって、私は高橋に問いかけた。

「お姉さんが亡くなったことは本当に悲しいことだよね。悔やんでも悔やみきれないことだと思う。でも、そこで、いま、天国にいるお姉さんのためにも、きみにできることが、きみにしかできないことがあるんじゃないかな。それは何だと思う？」

お姉さんは箱根駅伝のファンだった。高橋に数々の大学から誘いがかかる中、将来有望な大学だからと、彼に青学を勧めてくれたのもお姉さんだったと聞いている。それなら、箱根に向けて走り始めることこそ、お姉さんに対する何よりの供養になるだろう。

やがて練習に復帰した高橋に、私は13年の箱根で8区を任せた。その結果、区間賞を獲得するほどの力走を見せてくれた。今大会の区間賞は、高橋にとって2度目の栄冠だ。卒業後は飲料会社に就職して、競技生活からは引退すると決めていた。高橋にとっては、まさに万感の思いで駆け抜けたラストランであったに違いない。

「いま、自分は日本でいちばんの幸せ者なんじゃないかと思います。両親に感謝します。姉と同じ年齢（22歳）になって、姉が親や家族のことをどう思っていたのか、ぼくにも少しはわかるようになりました」

この言葉には、肉親の死という苦難を乗り越えた高橋ならではの実感がこもっている。

9区で区間賞を獲った藤川は主将である。チームリーダーの名に恥じない走りを見せてくれた。それと同時に、彼の快走は、同期の盟友・川崎友輝の存在を抜きには語れない、ということを強調しておきたい。

箱根駅伝のテレビ中継で、藤川に給水するために駆け寄った川崎の姿を覚えている人も多いことだろう。実況アナウンサーは二人が無二の親友であり、故障した川崎があえて藤川に出番を譲ると、みずから望んで藤川の給水を買って出たことを伝えていた。15年の箱根のニュースで繰り返し放送され、語られるようになった〝名場面〟の一つである。

川崎はチームでも一、二を争うランナーだった。1区の久保田に優るとも劣らないエースだったと言っていい。14年11月の全日本大学駅伝では区間賞を獲得する走りを見せ、青学の3位に貢献している。この15年の箱根では、アンカーとして10区を走ることを希望しており、私もそのつもりだった。

ここまでくるのに、川崎は言うに言われぬ苦労を重ねた。その甲斐あってエースにまで成長し、箱根のアンカーとして大学での競技生活の最後を飾ろうかというところまできていた。4年間、彼と苦楽をともにした私としても、ぜひそうさせてやりたかった。

ところが、11月の大学駅伝の直後、右足の大腿部《だいたいぶ》を疲労骨折してしまったのだ。

12月10日のチームエントリーで、メンバー登録する16人に川崎を入れるべきか否か、私は迷った。彼の希望どおりに10区を走ることは可能なのか、あるいは補欠として入れておけば当日までに回復することもあり得るのか。私には判断がつかなかった。

あくまでも勝利に徹するなら、最初から不確定要素の残る川崎を外し、しっかり練習を積めている選手を選択する方法もあっただろう。しかし、そうした結果至上主義は私の信念に反する。私にとっても選手たちにとっても、川崎はこれまで戦いをともにしてきたかけがえのない仲間なのだ。

こうなったら、川崎の気持ちを確かめるしかない。私は、川崎に聞いた。

「どうなんだ？　1月3日に間に合うのか」

たぶん、このときはもう、川崎の腹は固まっていたのだろう。彼はこう答えた。

「うちが優勝を狙うチームだったら、ぼくを外してください。そうじゃなくて、シード権を確保しようというのであれば、ぼくもそのぐらいの走りならできる。何とか1月3日に間に合わせられると思います。でも、うちは、優勝を目指してるんじゃないですか？」

確かに、うちは優勝を狙っている。それでも、万一の場合に備えて、補欠として16人の中に入れることはできる。私がそう言うと、川崎はまた首を振った。

「ぼくが入ることによって、16人から漏れる選手がいる。準備ができるかどうかもわからないぼくが入って、一所懸命やっている選手が外れてしまうというのは、その選手にすまない。いや、というよりも、チームに対して申し訳ないじゃないですか」

頭の下がる思いだった。こういうときは、「何とかして間に合わせます。がんばります。16人の中に入れてください」と訴えてくるのがふつうだ。川崎は4年で、今大会が箱根を走る最後のチャンスである。たとえ僅かでも可能性があるのなら、16人の中に残してください、と言いたかっただろう。もし彼が実際にそう主張したとしても、身勝手なわがままだと断じる気には、私はなれない。

しかし、川崎はチームのことを考えて潔く引き下がった。それだけでなく、給水をやりたい、できたらいちばん仲のいい同期が走る区で水を届けたいと、みずから申し出た。

このときは、私も目頭が熱くなった。今回の初優勝は、この川崎のように、たとえ実際には走らなくても、何とかしてチームの役に立ちたい、という部員みんなの熱い気持ちが結集した成果だったと思う。

そうした川崎の熱い思いが伝わったこともあってか、藤川は4年間の競技生活の中でも会心の走りを見せ、3区連続となる区間賞を獲得した。それも、1時間08分04秒と、区間記録更新にあと4秒と迫る好タイムだった。

そして、10区のアンカーは2年の安藤悠哉である。愛知県の強豪校・豊川工業高校から潜在能力を見込まれて入部しながら、2年の夏まで伸び悩んでいた。伝統的に躾の厳しい高校からやってきて、自主性を重んじる青学の雰囲気に戸惑い、一時は目標を見失っているかのように思われた時期もある。

「頼りになるのは自分自身の力だ。何か練習を指示されるのを待つのではなくて、いまの自分に何が必要で、どういう練習をしなければならないか、自分で考えるんだ」

安藤は自分なりに試行錯誤を重ねた末、2年の秋から実力をつけ、ついにレギュラーの座をつかんだ。どちらかと言えば、高校まではエリートだったのが、大学でダメランナーに転落して、努力と根性でまた這《は》い上がってきた復活組である。

その安藤が胸を張ってゴールを駆け抜け、青学の初の総合優勝が決定した。

ゴール地点には、妻も祝福にやってきた。彼女は毎年往路の1区から5区まで追いかけて選手を応援し、復路は町田寮でテレビ観戦したあと、大手町の読売新聞東京本社ビルの前へ駆けつけてくれる。

今年はあまりに往路のペースが速過ぎて、電車で移動する妻は4区までしか追いつけなかった。おかげで、神野の走りは見られなかったそうだ。

総合タイムは事実上の大会記録となる10時間49分27秒。終わってみたら、2位の駒大には10分50秒の大差がついていた。聞けば、2位に10分以上の差をつけた優勝は1988年の第64回大会の順天堂大学以来、27年ぶり。平成に入った第66回大会以降では初めてだったという。

青学の優勝は創部97年目、箱根への初出場から73年目にして初めてのことだ。まさに、歴史的、記録的大勝利である。しかし、私は何をおいても、まずこう言わないではいられなかった。

「ワクワク大作戦が大成功しました！」

しかし、私は青学ＯＢではない。駒大監督の大八木弘明さん、前早大監督の渡辺康幸さんと違い、選手として実績を残した生え抜きの監督でもない。もともとは広島出身で、世羅高校、中京大学を経て、中国電力に在籍していた無名の選手にすぎなかった。その中電の陸上部も僅か5年で引退を余儀なくされ、青学の監督に就任するまでの10年間、駅伝とも陸上とも無縁のサラリーマン生活を送っている。

そんな男が、なぜ青学の監督になり、箱根で優勝することができたのか。その源は、実は中電での営業マン生活にある。あの10年間に培った知恵とノウハウこそ、青学でのチーム作りのバックボーンとなったのだ。

第2章 伝説の営業マン

東広島営業所時代の筆者。山頂での検針も業務の一つだった

クビからのスタート

私はいまでこそ、自分で「伝説のカリスマ営業マンだった」と言っている。当時の私を知る人によって評価はさまざまだろうが、人並み以上に熱心で、仕事のできる営業マンだったと言っても、さほど経歴詐称にはなるまい。その程度の自負は持っている。

しかし、実は、必ずしも自分から営業マンになろうと思ってなったわけではない。最初は陸上選手として中国電力に就職したところ、1年目にケガをして満足なパフォーマンスができなかった。4年目以降は監督との意見の食い違いも重なり、僅か5年で引退を余儀なくされてしまったのだ。

おかげで、一般社員として一からやり直すほかなくなり、まるで縁のなかった営業畑に首を突っ込む羽目になった。そのうち、仕事のコツを覚えて、だんだんと営業成績が上がっていったのである。

ただし、そうなるまでが大変だった。右往左往、暗中模索、七転八倒、ストレスが溜まって浴びるように酒を飲む日の連続だった。

中電に入社するまでは、無名ながらもいっぱしの陸上選手だった。いや、いま振り返ると、いっぱしのと言うより、いちおうは、と言うべきか。

地元の強豪・世羅高校では主将を務めて、広島県高校駅伝で優勝し、全国高校駅伝でも準優勝を果たしている。私自身も区間2位の好成績を収めた。その高校時代の顧問だった先生から「ここに行け」と言われて進んだのが、愛知県の中京大学である。

もっとも、当時はわれながら、陸上で大成しようという向上心には乏しかったかもしれない。世羅高校はみずから望んで入った名門で、結果を出さなければと必死だったが、いかに恩師とはいっても、他人から「行け」と言われて行ったところではなかなか練習にも身が入らない。要は、高校に進んだときのような覚悟が足りなかったのである。

そんな中途半端な精神状態だったせいか、大学では誇れるような成績はほとんど残していない。高校時代に経験した厳しい寮生活の反動もあり、大学1、2年のころは練習に身が入らずコンパやパチンコに明け暮れていた。とんだやんちゃ陸上部員である。

大学3年のとき、このままじゃあいけん、と思い直し、人が変わったように練習に打ち込んで、日本インカレで5000mの3位になったのが最高成績だった。全日本大学駅伝に2回ほど出場したが、このときも特筆すべき結果は出せずに終わっている。

ちなみに、箱根駅伝が毎年テレビで全国中継されるようになったのは、その私が大学2年だった1987年（昭和62年）からだそうだ。当時の私には何の興味もなく、テレビ観戦した記憶もほとんどない。この無関心ぶりは2004年に青学の監督になるまで続く。

大学4年になって、陸上選手として獲ってほしいとヤクルトの門をたたいたが、当然のように断られた。こうなったら、地元の学校で先生でもやるしかない。私の父親が教員をしていたこともあり、卒業して実業団に行けないようなら教職免許を取ろうという考えは、大学に進学した時点で将来の選択肢の一つに入っていたのだ。

そして、広島の母校・世羅高校で教育実習を受けていたら、突然中国電力から誘いがかかったのである。世羅高校の同期生で、一緒に実習を受けていた日体大の友人と二人まとめて、来年立ち上げる中電の陸上競技部に第一期として入社してほしい、というのだ。

声をかけていただいたのは人事課長だった沖純次さん、初代陸上部監督で、すでに亡くなられた松本喜一郎さん。私と同期生が世羅高校時代、全国高校駅伝で準優勝した実績を買われてのスカウトだった。

しかし、同期生のほうは「教師になる目的をまっとうするから」と、早々に中電の誘いを断った。さて、どうしたものか。思ってもみなかった事の成り行きに、私は迷った。

三原市の実家に住む両親は、そういう話があるのならぜひ、と中電を勧めてくる。大学の先生も「地元の中電が来てるんなら中電に行けばいいいじゃない」と、考えるまでもなかろうと言わんばかりだ。

考えてみれば、いまさら教員の採用試験の勉強をするのも大変だし、どこかの学校に雇われるまで時間がかかるかもしれないし、だんだん教師になることが面倒臭く思えてきた。それに引き換え、中電は絶対倒産しない基幹産業であり、地元で随一の優良企業であり、まじめに勤めさえすれば一生食いっぱぐれはないだろう。それに、わざわざ名古屋まで足を運んでくれた沖さんに、こう言われたことにも心動かされた。

「とりあえず、一回、中国駅伝に出てくれればいいんだよ。うちの陸上部はこれから立ち上げるところだ。何も、最初からすごい成績を挙げてくれとは言わないから」

それほどレベルの高いことは端から求められていない。プレッシャーを感じる気遣いもない。まずは中国駅伝に出場すれば所期の目的を達成し、中電との約束も守れる。

ちなみに、中国駅伝とは戦前の1931年に第1回大会が行われ、95年の62回大会まで広島県で行われていたレースだ。現在の全国都道府県対抗男子駅伝、通称「ひろしま男子駅伝」の前身である。

よし、決めた。中電に行こう。

こうして私は1989年、中国電力陸上部の第一期となった。部員は私のほかに新入社員4人、駅伝愛好家の市民ランナーのような社員が3人の計7人。その中で、私は唯一の大卒生として、鳴り物入りでの華々しい入社だったのである。

翌々年の91年には、2年目で念願の中国駅伝への初出場を果たした。結果は19位とふるわず、高校生チームにも追い抜かれてしまうほどの体たらくではあったが。入社から4年後の93年には、毎年元日に行われる全日本実業団駅伝にも初出場している。こちらは13位だった。

中電としては、いささか物足りなかったかもしれない。私は1年目に右足首を捻挫してしまい、最初から満足な走りができるような状態ではなかった。その後も、少しよくなっては無理をして、足をかばっているうちに腰まで痛めてしまう。きちんと治療しなかったからだ、陸上部第一期としての自覚が足りなかった、と言われればそれまでである。

とはいえ、それでも私自身は、中電と交わした約束は果たしたつもりだった。中国駅伝への初出場を実現して、毎日自分なりにまじめに練習もしている。たまに参加する飲み会や合コンで明るく騒ごうが、陽気に振るまおうが、それは私の自由だろう。誰からも文句を言われる筋合いはないはずだ。

しかし、新たに就任した坂口泰監督によって、私が行うすべての行動は否定された。そして、入社5年目にして陸上部をクビになったのである。命がけでこのチームを何とかしようとしていた坂口さんにとっては、私の言動、行動は許されなかったに違いない。

坂口さんは広島はもちろん、日本の陸上界において知らぬ者のいない名ランナーであり、名監督である。私が青学を率いて初優勝した箱根駅伝でも、生中継の直前にテレビインタビューに登場し、箱根の栄光の歴史について語っておられた。

私にとっては世羅高校の先輩で、3年で1500mの新記録を樹立し、インターハイで優勝。国体の5000mでも優勝し、全国高校駅伝で区間賞を獲得している。

この実績に目をつけられ、当時早大の選手だった瀬古利彦さん、監督だった中村清さんに早大へ誘われたことはよく知られている。その早大で4年連続で箱根駅伝に出場し、区間賞を2度（うち1度は当時の新記録）を獲得し、4年で総合優勝を果たしている。

大学卒業後は、中村、瀬古の師弟コンビについて、坂口さんもヱスビー食品に入社。全日本実業団駅伝に3回出場し、4年連続優勝に大きく貢献した。その後、マラソンに転向すると、1987年のびわ湖毎日マラソンで2位となっている。

そうした経歴からわかるように、坂口さんは選手としても指導者としてもたいへん厳しく、求道者的な人物である。なにしろ、あの中村さんと瀬古さんの薫陶を受けているのだ。私とは真逆のタイプと言っていい。

その坂口さんがヱスビー食品を去り、中電陸上部のコーチに就任したのは、私が入った翌年の90年である。4年目の92年から監督に昇格した。

世羅高校卒業後、早大やヱスビーで実績を築いて広島に戻った坂口さんとしては、さぞかし心中期するものがあっただろう。おれの力で必ずや中電を全日本実業団駅伝の優勝に導いてやる、というぐらいの意気込みだったに違いない。くしくも私が青学へ移った2004年、坂口さんはこの悲願を成就する。

そんな坂口さんにとって、私が主将を務めているのは我慢がならなかったようだ。

坂口さんの目にはおそらく、当時の私がいかにも中途半端な人間に映っていたのだろう。向上心に乏しく、練習態度もいい加減で、チームの士気も上がってこない。中電の新たな伝統と歴史を築こうとやってきた坂口さんには、厄介者としか思われていなかったらしい。

物の言い方からして、鋭い棘《とげ》を感じた。

「おまえは何をしに中電に入ってきたんや。覚悟が足りんのじゃ、覚悟が」

そう言われればそうかもしれない。だが、私はそもそも、そのような覚悟を求められて入ってきたわけではないのだ。

「女の子とコンパに行きながら練習をしとって、全日本で勝てると思うとるんか」

そんなことを言われたら、こちらもカチンときて言い返さないではいられない。だいたい、私は入社前の約束をきちんと果たしており、怠けているつもりなどないのだから。

とはいえ、坂口さんにすれば、そんなのは自分が着任する前の話だ。自分はヱスビーを去って中電の監督となり、ここで勝たなければならない背水の陣で指導にあたっている。原のような中途半端な選手と、中電の管理職との間でどんな約束があろうと、坂口さんの知ったことではなかっただろう。

私は事あるごとに坂口さんと衝突、感情的な対立は行き着くところまで行って、もはや修復不可能となった。5年目の94年、ついに「こんなやつは要らん」と見限られた。

坂口さんと面と向かって話す機会がなくなってからも、陸上部スタッフとの確執はしばらく尾を引いた。とりわけ、私が営業に回って実績を築き始めていた99年、陸上部の創部10周年記念パーティーに招かれなかったときには、そこまでするか、と思ったものだ。

私自身も指導者となったいまは、当時坂口さんが言っていたことにもうなずける。悪かったのは結局、私なのだ。

何より、私が青学で選手を指導することになったとき、最も役に立ったのは坂口さんが常に私に求めていた「覚悟」という言葉である。そして、陸上理論の基本となるランニングの教科書だった。「覚悟」という目標を達成するうえで必要な心構えに気づかず、この本の存在を教えられなければ、私が青学の監督となって優勝することもなかったかもしれない。いずれ優勝できたとしても、もう少し時間がかかっていたのではないか。

しかし、そういうことに気がつくのはまだまだ先の話だ。これについては、青学の監督に就任してからのことを記した章（第4章）で詳しく述べる。ここでは、当時の私が陸上部スタッフの仕打ちに対して、ただひたすら怒りと恨みを募らせていた、という事実だけ覚えておいていただきたい。

同期との5年分の差を埋める方法

陸上部を引退してから、社内での扱いや立場もガラリと変わった。当然、私を見る周囲の目も冷たくなったように感じられる。針のムシロのような日々の始まりだった。

そうした中、私を陸上部に誘ってくれた人事課長の沖さんに、こういう言葉をかけられたことがある。

「陸上では花開かなかったが、陸上をやめてからもおまえの生き方はみんなにずっと見られている。しっかりやるんだぞ」

最初に配属されたのは東広島営業所というところだった。

当時の中電は広島市内に本社（本店）があって、その下に広島、山口、岡山、島根、鳥取と、5つの支社（支店）があった（以下、中電の組織体制については筆者在籍時のもの）。さらに、その各支社の下、たとえば広島支社であれば、その下に東広島、府中、呉、尾道、福山など大まかに分けられたエリアの営業所が並んでいた。そして、その各営業所の下は、さらにもっと小さな担当地域に分けられ、直接顧客と交渉したり、契約や集金をするためのサービスセンターが設置されていた。

以上が中電の組織図である。その中の営業所の一つ、東広島営業所に回されたのだ。この処遇からして、私には屈辱だった。

陸上部採用で入社した当初、私は本店人事部の南原研修センターに配属された。ここで3年間過ごしたあと、広島支店の総務担当に異動している。組織図の中では、いちおう、本店から支店へとメインストリートを進んだと言っていい。勤め先は広島市内の中心部にあり、大手ホテルの隣に建っていて、そこに通っているだけでも誇らしかった。

それが、陸上部を追い出されたとたん、支店から営業所へ格下げされたのである。仕事は電気料金の計算、電気メーターの検針、顧客からの集金だ。しかも、入社6年目、27歳にして、電力マンのイロハのイから勉強させられる羽目になった。しかも、まだ18歳の高卒新人と机を並べて仕事をしなければならない。

当然のことながら、仕事に慣れないうちは右も左もわからない。やることなすこと失敗続きである。しかも私の場合、陸上部の第一期として華々しく入社しただけに、ふつうの社員として一からやり直すのはきわめてつらいものがあった。

こんな役立たずの穀潰し、さっさとクビにしてしまえばいいのに。会社にいると、そう言わんばかりの視線を感じたこともある。

陸上に限らず、野球やラグビーなど、実業団の選手が競技を引退すると、会社にいづらくなって退職に追い込まれるケースは枚挙に暇がない。そんなふうになりたくはなかった。落伍者《らくごしゃ》の烙印《らくいん》を押されたくなかった。

これまで生きてきた人生の中で、あれほどストレスの溜まった日々はない。

私は荒れた。毎日のように飲み歩いた。東広島営業所にいた2年間で、体重は60kgから一気に33kgも増え、93kgになった。いわゆるストレス太りである。陸上選手の肉体美は、もはや見る影もなくなっていた。

しかし、いくら身体が鈍っても、心根まで腐ることはなかった。けっして自暴自棄になったりはしなかった。

なぜなら、ともすれば挫けそうになる私を、営業所の上司や仲間が支えてくれたからだ。常日ごろから、彼らに温かい励ましを受けていたからこそである。

彼らは私を白眼視したり敬遠したりしようとせず、酒にも義理堅くつきあってくれた。私の愚痴にも、辛抱強く耳を傾けてくれた。もちろん、ああ、また原の愚痴が始まったかと、内心ウンザリさせたことも一度や二度ではなかっただろうけど。

とりわけ、上番増さんという直属のリーダーの気遣いはいまも忘れられない。

「おい、原、飲みに行くか。陸上を引退したんだから、いくらでも飲めるだろ。飲みたいときは変に我慢せずに飲んだらいいんだ」

そう言われて背中をたたかれると、自然と杯も進んだ。33kgも太ったのは、ストレスばかりでなく、そんな面倒見のいい人たちに囲まれていたからかもしれない。

そうした中、人の縁に恵まれたと言えば、何と言っても女房である。いまの妻・美穂と結婚したのはちょうどこのころだった。

きっかけは、陸上部スタッフに目の敵にされた理由の一つ、合コンだった。参加者の中にキューティーハニーのような女の子がいて、アプローチをかけている最中、彼女の友だちの美穂と知り合い、そちらとつきあうようになったのである。すぐに結婚を意識するようになり、彼女の両親に挨拶に伺ったところ、その場で快諾をいただいた。

約1年の交際期間を経て、営業所勤めの2年目、1995年4月に結婚した。陸上部を追われた私にとって、妻が最初で最大の人生の張り合いになってくれたのだ。

ちなみに、妻はつきあい始めたころ、私が元陸上部の選手だったことを知らなかった。あくまでも、地元の超優良企業、中電の営業マンと結婚したつもりだったのである。

これは、彼女のお父さんとお母さんも同じだっただろう。妻は長女で、夫が中電に勤務するサラリーマンなら、実家から遠く離れたところへ行ってしまう気遣いもない。だからこそ、お嬢さんをくださいという私の申し出を即座に受け入れてくれたのだ。

結局、結婚から九年後、私は中電を去って青学の監督になる道を選ぶのだが。


人生の伴侶を得ても、中電における〝第2の人生〟はなかなか好転しなかった。

東広島営業所に配属されてから3年後、妻と結婚してから1年後、今度は広島北営業所の下部組織、可部サービスセンターに異動となった。頂点の本店で華々しくスタートした人間が、支店、営業所と順繰りに格下げされ、中電に入社して8年目、組織図のてっぺんから末端まで落とされたのだ。

どん底である。プロ野球選手にたとえれば、戦力外通告寸前だ。くそ、と私は思った。

可部は2014年夏に土砂災害が起こった近辺である。同じ広島市内とはいえ、本店や支店のある中心街からは遠く離れた地域だ。

地理的にも組織図的にも脇へと追いやられているうえ、社内の職能等級制度でも同期に大きく差をつけられつつあった。

中電の大卒社員は通常、私とは逆のコースを辿《たど》る。まず最初に営業所やサービスセンターに配属され、まずここで基本的な仕事のやり方を覚えさせられる。地域に密着した小さなサービスセンターでは人手が足りないため、一人で計算から契約まで、ある程度何でもできるようにならなければならない。

そうして仕事を覚えたら、その次は大規模営業所や支店に上がる。大きな営業所では、計算、検針、集金などの担当が分かれているので、どこのセクションでもすぐに仕事ができるわけだ。この営業所で新たな仕事を覚えて、その上の大規模支店や本店へ上がれば、ここでも仕事がスムーズにいく。たいへん理にかなったシステムと言える。

ところが、私はそうした中でただ一人、まるで逆のコースを辿らされることになったのである。ただでさえ陸上部時代の5年間の出遅れがあるうえに、彼らの辿ったコースを一からやり直さなければならない。これから5年かけて同期のいるところまで上がっても、そのころにはもう彼らはさらに5年先のところにいる。

当時はおそらく、中電の人事部も、私のような人間をどのようなローテーションで回していけばいいのか、わからなかったのだろう。

なにしろ、陸上部採用も初めてなら、中京大体育学部卒というのも私一人だけ。中電は広島大、岡山大、山口大など、地元の中国5県の国公立大学の卒業生を数多く採用していた。以前は学部指定制度も敷いていて、法学部や経済学部などに限定し、体育学部などは採用していないと聞いていた。そんな会社だから、私のような陸上部の落ちこぼれをどう扱ったらいいものか、さぞかし困っていたに違いない。

おかげで、同期との間には、一生かかっても追いつけないほどの差をつけられてしまった。しかも、自分はいま、間違いなく人生のどん底にいる。かと言って、所帯を持った以上、いつまでも腐ってはいられない。

そう思っていたところ、この可部サービスセンター副長の塩谷さんに出会ったのだ。最初に私に「提案営業」の手解きをしてくれた人たちの一人である。

電力自由化が転機に

「おまえ、これから提案営業の仕事をやってみんか。店や学校や工場に行って、業務用の夏季契約を取ってくるんだよ」

この1990年代後半、日本の電力業界には、欧米諸国で湧き起こった電力の自由化の波が押し寄せていた。

暑い夏場はどこもエアコンをフル稼働させなければならないから、必然的に電力需要が高まり、発電コストが跳ね上がり、電気料金も高くつく。そうなるとわかっていながら、従来は地元の電力会社がただひたすら必要な電力を供給し、電力を使った店や工場は規定どおりの代金を払うしかなかった。

ところが、電力自由化により、電力会社が電力と発電コストを抑え、消費者にコストパフォーマンスの高い店や工場の操業方法を提案することが可能になった。自由化された以上、消費者は地元以外の電力会社と契約を結ぶこともできる。たとえば、広島にある企業でも、九州電力のほうが中電より安いと判断したら、そちらと契約できるわけだ。

いつまでも従来の〝高い電力〟を売りつけていたら、地元の顧客を別の電力会社やエネルギー会社に奪われてしまうかもしれない。また、それ以前に、世界的なエネルギー問題の深刻化、監督官庁の通産省（現・経済産業省）の指導などもあって、電力会社は発電コストをできる限り抑える必要に迫られていた。

そこで、店、学校、病院、工場など、大口の顧客にピーク時の電力消費を極力抑えてもらい、そのぶんお得な電気料金プランを提示するという新たなビジネスの形が生まれたのだ。これが「提案営業」である。

こういう契約を結ぶ顧客が増えれば、中電としても発電の負荷を下げられる。グラフで言えば、夏場に跳ね上がる山なりの曲線を、できるだけ滑らかにすることによって、発電量の平準化を図ることができるわけだ。

「これがうまくいったら前途も拓ける。とにかく、思い切ってやってみろ」

副長の塩谷さんに背中を押され、私は取るものもとりあえず、新たな仕事に取りかかった。提案営業の中身について勉強し、あちこちの店、学校、工場を回った。陸上部崩れの私にはコネなどないし、紹介者もいない。最初はすべて飛び込みである。

「こんにちは、お忙しいところ、失礼いたします。中電の原と申します。きょうは非常にお得な料金プランのご提案をさせていただきたいと思ってお訪ねしました」

電力業界で提案営業が始まったことなど、世間にはほとんど知られていないころだ。私の挨拶を聞くたび、誰もがキョトンとした顔をしていたものである。

「はあ？　電気代が安うなるいうて、そりゃどういうことですかいのう。いきなりそがいなことを言われても、ようわからんが」

首をひねりながらこう聞き返してくるお客様に、一から丁寧に説明して差し上げなければならない。慣れていないだけに大変だったが、まったく新しいものを売り込んでいるということにやりがいを感じた。

この時期、足を棒にして回った場所はいまも鮮明に覚えている。鋳物工場、広島文教女子大学、福留ハムの工場。とくに熱意を込めて提案したのが「夏季操業調整契約」である。

「こちらの夏の電力使用のピークを前後にずらしていただくんです。そうすれば、うちも発電の負荷が軽減されまして、そのぶん以前よりも安く電力が提供できるわけですよ」

ある鋳物工場に飛び込み営業をかけたときには、「夏季休日契約」を持ちかけた。

「平日の何日かをお休みいただいて、休日に仕事をしていただくとします。そうすると、平日の発電コストが減って、もともとコストの少ない休日の発電量が上がります。発電量が平均化して、より安定した電力供給が可能になり、そのぶん、電気料金も毎月一定の金額に落ち着くというわけです」

つまり、この契約を提案する中電も、それを受け入れる相手も、双方にとって大きなメリットがある。いわゆる「ウィン＝ウィン」の関係を作ることができるのだ。

うなずきながら私の話を聞いていた工場の責任者は、おもむろにこう言った。

「そこまで言うんじゃったら、労働組合にも説明してくれんかのう。仕事に出る日も変わって、労働形態も大きく変わるということになりゃ、組合の同意を得んといかん。原さんの口から一つ、言うてやってくれ」

後日、私はこの工場の労組委員長に会い、懇切丁寧に説明して理解を求めた。

「こういう勤務形態にして、土日に働くようにすれば、これだけ電気料金が安く上がるんです。そうなったら、これが必ずや従業員の給料にも跳ね返ってきますから」

もちろん、この時期はまだ私も素人だったから、わからないこともいっぱいあった。お客様のほうから「こういうところはどうなっとるんですか」と突っ込まれ、答えに窮したことも一度や二度ではない。

そんなときは変に取り繕おうとせず、率直にこう答えたものだ。

「申し訳ありませんが、その案件については私ではわかりません。これからいったん社に帰って、きちんと調べたうえで、改めてご説明に伺いたいと思います」

そこで引き下がっては営業にならないのではないか、と思われるかもしれないが、これが意外にそうでもない。最初に一から十まで説明してしまい、お客様にたいして興味を持たれないと、そこでそのお客様とのつながりはプッツリとぎれてしまう。

夏季操業調整契約なんてよくわからない。いまさら何も変えたくない。うちは面倒臭いから従来どおりのままでいい。そう思っているお客様ほど、あえて十分に説明せず、想像や検討の余地を残しておくことが肝心だ。

そうすると、二度、三度と営業に通うことができる。その間に、最初のうちは取りつく島もなかった相手が、こちらの話にだんだん興味を示してくれるようになったりする。

何だ、この原って若造は、電気のことなど何もわかってないじゃないか。そう思われたほうが、かえって好都合な場合もある。

私が営業をかける相手は、ほとんどが会社や施設の電気主任技術者だ。しかもベテランが多く、電気料金のことにかけては私よりもよっぽど詳しかったりする。そういうお客様を相手にするときは、ちょっとボケた会話をするぐらいがちょうどいい。

だいたい、可部あたりでは、「これでどうですか！」みたいな勢いで営業をかけたら、かえって嫌われかねない。広島弁で言えば、「何なら、知ったげにしゃあがって」。つまり、知ったかぶりをしやがって、と思われるのがオチなのである。

出来の悪い子ほどかわいい。この言葉は営業マンにもあてはまる。そのことに気づいたのはこのころだ。

営業の現場でさまざまな経験と試行錯誤を重ねながら、私は独自に提案営業のQ＆Aを作り上げた。いちおう、本店からはマニュアルが送られてきていたが、はっきり言って役には立たなかった。実情に即していない想定問答などより、自分の経験に則した「虎の巻」のほうがよっぽど頼りになる。

しかし、その半面、いまさらではあるが、提案営業の仕事をやるようになって初めて、中国電力という企業がいかに信頼されているか、肌で感じることができた。30前の営業マンが口にする雲をつかむような話に、お客様が耳を傾けてくれる。それはやはり、中電の信用とブランド力があればこそなのだ。

足繁く営業に回っているうち、契約本数が3本、4本、5本と増えていく。提案営業では全社でもトップクラスの成績で、可部サービスセンターの上の広島北営業所をもしのぐほどの勢いだった。

私や可部の営業マンたちの働きは、社内的にも広く知れ渡っていたらしい。痛快だったのは、副長の塩谷さんが営業所に電話で嫌味を言われたらしく、こう答えているのを横で聞いていたときである。

「やり過ぎだって言われても、しょうがないじゃない。原くんたちが動いたんだから」

そんな会話を聞きながら、私は同僚たちとささやき合った。

「やっぱり、やり過ぎたな、おれたち」

そんな私に、また新たなビジネスチャンスがめぐってきた。エコアイスの営業である。

物を売るメソッド

エコアイスとは、一言で言えば割安な夜間電力を使った空調システムである。1998年、中電を含む電力会社9社と空調メーカーによって共同開発された。業務用は最大手のダイキン、個人住宅用は日立製作所や三菱電機などが製造・販売している。

発電コストと電力料金は、発電量が昼よりも下がる夜のほうが安い。エコアイスはその「安い電力」で夏は氷、冬は温水を作り、昼の空調に利用する。これを「氷蓄熱式空調システム」と呼ぶ。こうすれば、電力もランニングコストも大幅に軽減できるわけだ。

さらに、夜間は化石燃料による発電比率が低く、ヒートポンプによって二酸化炭素や窒素酸化物の排出量も抑えられる。非常に安全性が高いうえ、環境にも優しい。

このエコアイスが開発されたとき、中電は専門の営業要員を社内公募した。電力自由化の新時代に合わせて、たいへん画期的な空調設備が開発された。われこそはと思わん者はこの新システムを企業に売り込み、社会に広めてみないか、というわけだ。

これに、私は真っ先に応募した。可部サービスセンターに来て1年半、提案営業の仕事も軌道に乗り、やっと自信もついて、そろそろ新たなステップをと考えていた矢先である。エコアイス専任営業マンの公募は、文字どおり渡りに船だった。

このときの経緯については、ちょっとした裏話がある。

社内公募の場合、直属の上司に相談せず、本店の人事部に直接申し込むことができる。応募するかどうかは、社員個人の自由な意思で決めればよい。ルール上、そういうことにしておかないと、各セクションのしがらみや人間関係に束縛されかねない。「何だ、おれやこの部署が嫌いなのか」と上司に言われ、応募を尻込みするケースが増えたりしたら、優秀な人材が集まりにくくなるからだ。

私は、事前に塩谷さんに断った上で、エコアイスの営業マンに志願した。何と言っても、提案営業の手ほどきを受けたのだから。

そうしたら、本店の人事部から、塩谷さんに確認の電話がかかってきたのだ。

「可部にいる原くん、エコアイスに応募してきたんですが、大丈夫なんでしょうね。陸上部を辞めたときには、いろいろあったという話も聞いてるんですけど」

可部で1年半がんばったぐらいでは、陸上部を追われた男という悪評は払拭できていなかった。せっかく陸上部第一期として入社したにもかかわらず、陸上部で日ごろの態度を問題視されて引退に追い込まれた原。本店の人事部では、このときもまだそういうレッテルが貼られたままだったのである。

私の目の前で電話に出た塩谷さんは、懸命に本店の人事部の人間に話し続けていた。

「いや、昔はどうだったかわからんけども、いまはそんなことはない。こいつはちゃんとやる男だから。大丈夫だから。何も心配せんでええから。おれが保証するって」

最後は塩谷さんの説得に人事部も納得し、私の願書は受けつけられた。

長電話を終えて受話器を置くと、塩谷さんは苦笑いしながら私に言った。

「おまえ、本店で信頼ないんだな。陸上部での悪評が人事部にも知られてるぞ」

ありがたくて、涙が出る思いだった。あのときのことは一生忘れない。

その後、私は提案営業の傍ら、寸暇を惜しんでエコアイスについての勉強を重ねた。

専任の営業マンになるためには、面接を受け、論文を提出して合格しなければならない。それでなくても、私には「陸上部をクビになった男」というマイナスイメージがある。合格ラインギリギリの成績では落とされてしまうかもしれない。そんなハンディを克服しようと必死だった。

晴れて合格し、最初に配属されたのは山口県徳山市（現・周南市）の営業所だ。ここでまた可部時代と同じように店、工場、学校、ホテルなど、さまざまな施設に飛び込みで営業をかけてはエコアイスを売り込んで歩くのだ。

しかし、ただやみくもに営業に駆けずり回っているだけでは成果は上がらない。

一つのエンドユーザー、たとえばある会社に100万円のエコアイスを1台売るにも、私と相手の担当者が1対1で話をすればいいというわけではない。エコアイスを製造するメーカー、社屋のどこに設置するかを考える設計事務所、さらには会社にその土地を貸している地主、ほかにも会社やメーカーの代理店などなど、数々の人たちや関係者の思惑が複雑に絡み合ってくる。

しかも、一つの地域にある企業の工場群が、中電の複数の営業所にまたがっているというケースが多い。こうなると、エコアイス一つ売り込むにも、徳山営業所だけの問題では収まらなくなってくる。日ごろから近隣の岩国、柳井など山口東部地区の営業所と密に連絡を取り、協力し合う必要が出てきた。

そこで私は、徳山、岩国、柳井の担当者と話し合い、「3事業所の会」を立ち上げた。この一帯でエコシステムを売っていくにあたって、この3事業所で情報を交換し、共有し合い、さらにこの地域の業者や顧客をも巻き込んだ非公式な組織を作ったのである。

この「3事業所の会」は中電という会社の一セクションではなく、あくまで有志による勉強会のようなものだ。

活動内容としては、定期的にエコアイスの営業マン同士でミーティングを行う。場所は輪番制でそれぞれの営業所の会議室を使っていた。夜は居酒屋に流れ、酒でも飲みながらざっくばらんに本音をぶつけ合う。

ミーティングにはときどき、山口支店の営業課長にオブザーバーとして同席してもらうこともあった。われわれが現場で推し進めている営業の実情を知ってもらい、大所高所からの意見を仰ぐためだ。こうすれば3事業所の風通しがよくなって、営業上のコンセンサスを得るのもスムーズにいくようになる。

また、ときにはエコアイスを開発したメーカー、ダイキンの担当者に来てもらって勉強会を開いたりもしている。ダイキンの担当者と懇意になったら、われわれ電力会社の営業マンとメーカーとの間にも仲間意識のようなものが生まれる。そうなれば、一緒に新たな空調ビジネスの市場を切り拓いていこう、という共通の目的意識を持つこともできる。

さらに、この勉強会に設計事務所の先生を招き、社内セミナーのようなことも行った。エコアイスを店や会社や工場に売り込んで、ビルや社屋に設置してもらうにはどのような提案をすればいいか、設計の専門家に教えてもらおうと考えたのだ。

この「3事業所の会」は、いわば一つのチームだった。このチームの会議、飲み会、勉強会でさまざまな意見をぶつけ合い、外部からもゲストを招き、チームとしての力をアップさせる。そうすることによって、中電全社におけるエコアイスの〝営業レース〟でトップを目指そうとしたのだ。

ここまで書いたら、もうおわかりだろう。この徳山営業所での〝エコアイス体験〟が、のちに青学陸上部における駅伝のチーム作りの強力なバックボーンになったのである。単に優秀な人材を集めるだけでなく、そういう人材を集めたあと、チームとしてどのように機能させればいいいか、私はこのエコアイスの営業を通じて学んだのだ。

もっとも、自慢げにそう書くと、読者の中には首をひねりたくなる向きもあるかもしれない。もともとは陸上部でダメ主将と烙印を押されていた原が、なんで営業マンになったとたん、人が変わったようにリーダーシップを発揮し始めたのか、自伝とはいえ、あまりに出来過ぎた展開ではないか、と。

いや、この章の冒頭で書いたように、私は中国電力に入社する前、陸上の強豪校だった中京大学や世羅高校で、曲がりなりにも主将を務めていたのだ。とくに世羅高校では主将として自分のチームを率い、全国高校駅伝に出場、2位に入った実績もある。

何も人が変わったようにリーダー気取りになったわけではなく、陸上部をクビになり、回り回ってエコアイスの提案営業をやるようになったとき、自分でも忘れかけていた資質が蘇った、ということだろう。人生、どこでどんな経験が役に立つかわからない。

さて、そういうチームを立ち上げるからには、私自身がみんなのリーダーにならなければばならない。ただ、仲間内で認められ、ひそかに自負しているだけではダメだ。

私は直属上司に掛け合い、社内的な許可を取って、自分の名刺に「チームリーダー」という肩書を入れた。

先にも書いたように、エコアイスの営業を成功させるには、エンドユーザーを説得するだけではなく、さまざまな関係者の利害や思惑を合致させなければならない。そのためには、エコアイスを導入してもらう店、会社、工場などで決定権を持っている人間に話を聞いてもらう必要がある。つまり、キーマンをつかまえなければならないのだ。

しかし、可部サービスセンターと同じように、徳山営業所に来ても私はまだ営業課の下っ端のままだった。飛び込み営業でお百度を踏み、自分の顔と名前を覚えてもらうことも最初のうちは大切だが、いざ、それでは契約をお願いしますという段になって、「それは私の一存では決められない」とか「上の人間と相談してからでないと」と言われたら、足を棒にして通った時間と労力が無駄になる。

そこで、「チームリーダー」という肩書を使って、決定権を持つキーマンに近づこうと考えた。飛び込んだ先がどんなところでも、「中電のチームリーダー」が来たとなれば、それ相応の立場にある人が出てくる。その人を取っかかりにしてキーマンに辿り着くこともあれば、その人自身がキーマンだったこともちろんあった。

「エコアイスは電気料金がお得なうえ、教育にも役に立ちますよ」

このころ、そう言って、小学校や中学校に営業を行ったこともある。学校は7～8月が夏休みで、その間は空調機器もほとんど使わないですむ。店や工場に比べ、エコアイスの必要性はきわめて低い。だが、これは単に電気料金や発電コストを抑えるためだけではなく、地球全体の環境を考えて開発されたシステムなのだ。これからは「エコ」の時代ですよ、と私は学校側に提案した。

「いかにして環境に優しい方法で電力を生み出し、消費するか、これからはそういうことを考えなければなりません。エコの重要性を、子供たちにも教えていくべきですよ。エコアイスだけでなく、太陽光発電システムもつけて、子供たちの学習に役立ててはいかがでしょうか」

当時、「省エネ」という言葉は一般社会に認知されていたが、「エコ」はまだそれほど知れ渡ってはいなかった。そうした中、私はあえて「エコ」の重要性を訴え、エコアイスを「省エネ機器」であるとともに、一つの「教育機材」として売り込んだのである。

こうすれば、目先の利益以上に、長く将来にわたって「ウィン＝ウィン」の関係を持続することができる。興味を示す学校の関係者がいると、私はさらにこう持ちかけた。

「何でしたら、私どもがこちらの学校に伺って、生徒のみなさんに出前授業をさせていただきます」

このときは、中電に入社する直前、中京大で教育実習をした経験が生きた。まったく、人間、どこでどんな経験が何の役に立つか、わからないものだ。

ところで、先にも書いたように、私が徳山でエコアイスの営業に駆けずり回っていた99年、陸上部は創部10年目を迎えていた。ある日、私が営業所に帰ると、高卒の同期で年下の社員がこう尋ねてきた。

「原さん、陸上部のパーティー、行かれるんですか」

「何だ、それ?」

聞けば、広島市内のホテルで、10周年記念のパーティーが盛大に行われるという。私は第一期だったにもかかわらず、招待状すら来ていなかった。

「行かんよ。呼ばれてないしな」

正直言って、悔しかった。陸上部を離れてからもう5年もたっているのだ。過去の経緯は水に流し、こういう節目の祝い事ぐらいには招かれても然るべきだろう。

そう思ってはいても、感情を表に出してはならない。私は、その後もただひたすらエコアイスの営業に邁進《まいしん》した。

そして、徳山営業所に来て2年目の2000年、中電本店営業部主催の成果事例発表会で、私は表彰された。エコアイスでトップクラスの成績を挙げたことが、ついに本店の営業部にも認められたのである。

場所は本店の大ホール、毎年入社式が行われるいちばん大きなホールだった。ここに、営業部門の常務、本店の営業部長をはじめ、営業部門のトップがずらりと並んで、300人以上もの社員たちが集められた中で、営業部長賞に相当する賞の表彰状をいただいた。感無量だった。

そのあとに開かれた懇親会で、私は徳山営業所長・山根芳郎さんに呼ばれた。

「おめでとう、原くん。きみのことは、ちゃんと本店の桂さんにPRしておいたからな」

桂さんというのは、当時の本店の営業部長・桂眞一郎さんである。山根さんと桂さんはかつて同じ山口支店内の営業所に在籍していた時期があり、若いころから肝胆相照らす仲だったらしい。桂さんが山根さんに私のことを聞いたのか、それとも山根さんのほうが桂さんに私のことを売り込んだのか、そのときは私にはわからなかったが、とにかくこの表彰をきっかけに、10年ぶりに本店へ戻る道が開けたのだった。

カリスマ社長からの教え

2000年8月1日、私は徳山から本店に復帰した。毎年2月1日に通常の異動が行われる中電においては、たいへん異例の時期に発令された人事だったと言える。

新会社・ハウスプラス中国住宅保証の立ち上げ。これが、本店で私に命じられた新たなミッションだった。この会社は00年8月30日に設立。翌年2月1日に営業を始め、その日をもって私もほかのスタッフとまた異動することになっていた。そのために前年に本店に復帰させ、来年2月まで新会社創立プロジェクトチームに参加せよ、ということである。

まず、ハウスプラスとは何をする会社なのか。2000年から国交省が施行した「住宅の品質確保の促進等に関する法律」、略して「品確法」に基づく「住宅性能表示制度」を普及するための会社である。

いままでは意外に思われるかもしれないが、日本の住宅にはそれまで安全性に関する一定の物差しがなかった。一つの家がどれだけ丈夫か、長持ちするか、第三者として客観的に調査し、評価する基準も機関も存在しなかった。すべては工務店や住宅メーカーの宣伝や自己申告を信用するほかなかったのである。

品確法と住宅性能表示制度は、その安全性の公的かつ唯一の物差しとして作られたものだ。施行当時は、火災時の安全、空気環境、構造の安定など、国交省が設定した9項目28分類のチェックポイントがあって、1から3までの評価に分かれていた。

ハウスプラスは、国交省による認可と委託を受け、この法律に則った調査と評価を行う会社である。住宅を新築、もしくは改築するにあたり、こういう制度がありますよ、この制度を利用すれば、より安全な住宅で暮らすことができますよ、という営業をするのが、新たな私の仕事だった。

住宅性能表示制度による調査と評価を行うにはそれ相応の代金がかかる。住宅を建てるエンドユーザー（建築主）は、その代金込みでメーカーに建築を依頼する。したがって、ハウスプラスにはそのメーカーから報酬が入ってくることになる。ただし、メーカーや建築主の意向によっては、建築主がハウスプラスに直接支払うケースも出てくる。

したがって、われわれハウスプラスとしては、家を持とうとしているエンドユーザーたち、家やマンションを建てるメーカー、そういう物件を販売するディベロッパーと、あらゆるところに営業をかけなければならない。すぐに売れる「商品」ではないから、営業以前に普及と啓蒙《けいもう》が重要な仕事になってくる。

どのようにして新制度の普及を図り、営業を進めていくか。半年間の準備期間を経て、2001年2月1日、いよいよハウスプラス中国住宅保証が創業した。資本金5000万円、社員総勢僅か5人での船出である。

創立メンバーは、技術畑が二人、私を含む営業畑が3人の計5人。私が自分で言うのも何だが、営業の3人は中電でも異色の経歴を持ち、個性が強く、鬼っ子的存在として知られていた。言葉は悪いけれど、独立愚連隊という言葉がよく似合う。

初代社長は営業畑3人のうちの一人、吉屋文雄さん。弱冠43歳にして新会社のトップに立ち、本店営業部肝煎りの新事業を率いてゆくことになった。この人こそは、本当の意味でカリスマ中のカリスマだったと思う。

なにしろ、本店営業部での実績がすごい。電化住宅設備の普及に携わり、広島県の普及率を全国でダントツの1位に押し上げた立て役者なのだ。提携工務店と強固なパートナーシップを築き上げ、一般消費者を集めたセミナーを県の各地で開催、説得の難しい主婦層にターゲットを絞って〝一大電化住宅王国〟を築き上げたのである。

そんな大先輩の下へ、なぜ私のような新米営業マンが引っ張られたのか。

実は、可部サービスセンター時代の私のリーダー、江島さんが、吉屋さんとともにハウスプラス創設プロジェクトの検討委員に名前を連ねていたのだ。プロジェクトのトップが本店営業部長の桂さんで、かねてから徳山営業所長の山根さんから「原は使えるぞ」という話を聞き込んでいたらしい。

当然、桂さんは江島さんに確かめる。

「きみ、原とは可部で一緒だったな」

「ええ、彼なら、やるんじゃないですか」

こうして、私は吉屋社長の下で働くことになったわけだ。

吉屋流は強烈だった。とにかく何でもかんでも、A4のコピー用紙に大きな字で目標を書き、机にバーンとたたきつける。出席者が多ければ、コピーを取らせて配る。口で言うだけでなく、「おれたちはこれからこういうことをやるんだ!」と、紙にキャッチコピーを書いて見せなければ気がすまない。

「目標、1年後、中国地方で業界トップ。3年後、単年度黒字。5年後、累積損失解消」

こうして中長期的な目標を示すと、今度は月間の短期的な目標を出す。

「○月目標、戸建て住宅○棟、マンション○棟、アパート○棟……」

それだけでは終わらない。

「具体的な行動計画、訪問件数○件、消費者向けセミナー○回……」

会議の場で誰にでも見えるよう、大きな字で、わかりやすい目標を並べていく。あまり細かな数字は使わず、こうだ、こうだ、こうだ、パッ、パッ、パッとやっていくのだ。

大目標を認識させ、その達成に必要な数字を示し、これをクリアするのに何をしなければならないか。すべてを紙に書いて、チームのメンバー全員の頭に刷り込む。これは営業だけでなく、チームで行う仕事すべてに有効な手法ではないだろうか。

実際、のちに青学の監督に就任するとき、私はこの吉屋流を踏襲させてもらった。OB会でプレゼンをするとき、寮で選手を集めてミーティングを開くとき、廃部寸前となって再建策を理事会で訴えたとき、私は常にA4のコピー用紙に目標、計画、達成すべき数値を書いて説明したものだ。

営業マンだったからこそ、箱根駅伝で優勝できた。私はけっして、洒落やウケ狙いでそう繰り返しているわけではない。

毎日のように吉屋さんにゲキを飛ばされ、尻をたたかれて、私はハウスプラスの営業に奔走した。ここが、いまの自分が全力で走るべきトラックなのだと思って。

まず、エンドユーザーを積極的に啓蒙して回らなければならない。住宅性能表示制度は義務でなく任意の制度なので、使いたくなければ使わなくてもかまわない。だから、これから家を建てる人、建て替えを考えている人に興味を持ってもらい、正しい知識を持ってもらう必要がある。そういうセミナーを定期的に開いては、こう呼びかけた。

「今回、新しくこういう法律ができました。みなさん、ぜひご活用ください。住んでいて安心できる。将来の資産価値も高まる。これからは住宅性能表示制度による評価が絶対に必要な時代になりますから」

さらに、住宅メーカーや設計事務所にも足を運んで、品確法に対応できる設計の勉強をしてくださいと持ちかけた。ディベロッパーやゼネコンなど、品確法が普及するにつれてかかわりのできそうなところにも訪ねている。これもやっぱり営業だ。

ある程度手応えを得られると、エンドユーザー向けのセミナーに、設計事務所の技師を呼んでレクチャーをしてもらったりもした。建築主としてはやはり、実際に家を設計する人間に説明してもらったほうが安心できる。より積極的に住宅性能表示制度を利用しようという気にもなるだろう。

その技師も、日ごろ仲よくしている事務所だけでなく、逆に中電と敵対しているところの技師をあえて招いたりしている。営業活動を通じて少しでも敵を減らし、たとえ味方になってくれなくても、大きなビジネスで対立したりしないようにと考えてのことだ。

もっとも、まったく新しく、しかも実体のない法律と制度を売り込むのだから、最初のうちはさっぱり成果が上がらなかった。

建築主はもちろん、メーカーや設計事務所にも、これを使ったら何の得になるのか、私が口を酸っぱくして説明してもなかなか理解してもらえない。そういう意味で、可部サービスセンターの夏季操業調整契約よりも徳山営業所で表彰されたエコアイスよりも、たいへんやっかいな商品だったと言える。

しかも、こちらは国交省の認可を得て普及に努めているから、メーカーや設計事務所に対して、一種の指導的立場で物を言わなければならない。これが、しばしば話がこじれ、口論に発展する火種になった。

相手にしてみれば、こちらの身分は一介の電力会社の子会社の営業マンだ。こちらの物言いにカチンとくると、「何だ、その偉そうな態度は」ということになる。また、当時は私もまだ若く、血気盛んで、鼻息の荒いころだ。感情的なやり取りになると、自分を抑えられなくなったりした。

ある大手メーカーと大喧嘩をしてしまい、本店の営業部から抗議の電話がかかってきたこともある。えらい剣幕だった。

「何やってるんですか！　あんたのおかげで○○さんはカンカンですよ！　こっちの取引

に悪影響が出たら責任取ってくれますか！」

「そんなこと、関係ないでしょう！　うちは別会社なんですから！」

こういうとき、救いだったのは、吉屋さんにしろ江島さんにしろ、私に優るとも劣らぬ喧嘩師だったことである。

「おお、喧嘩ならどんどんやれ、あとはおれが面倒を見てやるから」

私が外で喧嘩するたび、鷹揚《おうよう》にそう言ってかばってくれたものだ。

そんな良好な関係を保っていればよかったのだが、当時の私はその吉屋さんともぶつかった。営業のやり方などをめぐって衝突し、互いに引くに引けない。そうなると、出先での喧嘩より大変だった。いったんぶち切れた吉屋さんは、誰よりも怖かった。

「原、ちょっと来い」

私を社長室に呼びつけた吉屋さんは、会社の預金通帳を開くと、目の前に突きつけた。最初に5000万円という数字があり、それからみるみる減っていて、通帳にはもう半分も残っていない。

「おまえ、どうすんの、これ。資本金、半分以下になってるんだぞ。このままじゃ倒産だね。どうすんの？　帰るか？　中電に。使えないくせに文句ばっかり言いやがって」

目標の示し方がはっきりしていた吉屋さんは、怒りの表し方も強烈だった。このときは江島さんが間に入り、吉屋さんを取りなしてくれて事なきを得たけれど、その後しばらくは干されてしまったことを覚えている。

しかし、断っておくが、私は何も、感情的な恨みつらみを蒸し返しているわけではない。いまにしてみれば、当時の私の若気の至りであり、吉屋さんに理があったことは十分理解できる。ただ、昔はお互いに、それだけ熱い思いを抱えて仕事に打ち込んでいた、ということを強調したいのだ。

吉屋さんには、私が青学の監督に誘われたとき、非常に貴重な助言をいただいた。これについては、あとで詳しく述べたい。


当時、私が考えた営業のアイデアの一つに、「次世代の会」というものがある。安佐南区にある広発工業グループをはじめ、呉のディベロッパーや建材会社など、5～6社の2代目、3代目の次期社長さんたちを集めて、定期的に勉強会や飲み会を開いていたのだ。

創業者と違い、その後継ぎ、さらにその後継ぎとなると、どうしても社員や取引先から軽く見られる傾向が強い。そういう社長さんたちの話や悩みを聞いて、何とか彼らの役に立つようなことをしてあげたい。ひいては、この会を営業につなげたいと考えたわけである。徳山営業所時代の「3事業所の会」を発展させた形と言ってもいい。

ハウスプラスの会議室に彼らを招き、建設業界や不動産業界で問題になっていることについて意見をぶつけ合う。ときには外部から講師を招き、彼らにとって有用な知恵や情報を収集できるようなセミナーを開く。

昼の会合が終わったら、夜は居酒屋で本音のぶつけ合いだ。これがまたときには喧嘩になったりして、けっこうおもしろかった。

とかく世間では、営業と言うと、お百度を踏んではお客様に頭を下げているイメージがいまだに強い。だが、営業の王道とは、そのお客様に頼りにされ、仕事以外の面でも知恵を貸し、お互いの利益になる関係を作ることにあるのではないだろうか。それがいわゆる「ウィン＝ウィン」の関係であり、提案営業の理想だろうと思う。

そんな私の営業のやり方を見ていて、江島さんはこう言ったことがある。

「原はとにかく要領がいい。営業をかけた先でキーマンが誰かを嗅ぎ分け、その人に自分から売り込むだけでなく、むしろ自分のほうに惹《ひ》きつけようとするんだよな」

この「次世代の会」は結局、それほど目に見えて大きな利益を出すことはなかったが、いちばんのヒットCMを生み出す源になった。

当時、地元放送局のRCC（中国放送）のラジオ営業部に、世羅高校陸上部時代の後輩がいた。のちにテレビ営業部部長となった瀬戸昇くんという人物だ。彼に、広島東洋カープのナイター中継でハウスプラスと次世代の会メンバーが提供するCMを流してほしいと依頼したのである。

午後6時になると、ラジオがピッピッピッピッポーンと時報を打ち、昔ながらの野球中継のテーマ曲が流れてくる。それが終わると、私のこういうナレーションが入るのだ。

「住宅性能表示制度を、ご存じですか。よりよい住まいの安心住宅、住宅性能表示制度、ハウスプラス中国住宅保証の原でした」

その直後、建設会社やディベロッパーなどのCMが流れる。もちろん住宅性能表示制度つきの住宅を建築・販売している会社ばかりで、ナイター1試合につき4社が協賛という形でこのCMに参加してもらっていた。そのCM料が1社50万円程度だったから、計200万円ぐらいがRCCに入っていたはずだ。

われわれのハウスプラスには一銭も入ってこなかったけれど、広島という土地におけるカープの実況中継の影響力は凄まじいものがある。品確法と住宅性能表示制度を広島中のエンドユーザーに広めるのに、これ以上格好のコンテンツはほかになかった。

こうして、ハウスプラスの新事業は徐々に軌道に乗っていった。2年後の2003年には吉屋社長が宣言していたとおり、中国地方で単独トップの営業利益を挙げる。単年度黒字も達成し、累積損失解消も視野に入ってきた。

そのころ、私は突然、瀬戸くんにこう持ちかけられたのだ。

「原さん、青学で監督をやってみる気はありませんか。陸上部が、箱根駅伝で勝てる人を探してるんです」

瀬戸くんは、青学OBだったのである。

第3章 生い立ち

上／世羅高校3年の時、中国大会に出場した（左端が筆者）
下／約15年前、広島時代に妻・美穂と

父は教員、母は保険のおばちゃん

青山学院大学陸上部の監督になった話に入る前に、ここで少しばかり、私の生い立ちを振り返っておきたい。

そもそも、私はなぜ陸上競技を始め、どのような選手生活を送っていたのか。そのことを語っておかないと、なぜ36歳で中国電力でのサラリーマン生活を捨ててまで陸上の世界に舞い戻り、大学駅伝の世界に身を投じようと決心したのか、真意を理解してもらえないのではないかと思うからだ。

また、営業マンには部下や仲間を、陸上部の監督には選手たちを引っ張ってゆくためのリーダーシップが必要だ。私の場合は、そういうものの源が、この幼少期から青春時代に培われたような気がするのである。

私は1967年（昭和42年）3月8日、広島県三原市の海辺の町、糸崎町松東に生まれた。男ばかりの3人兄弟の末っ子である。

私が幼稚園のころか、小学校の低学年までだったか、記憶は定かでないのだが、実家では当初、祖母が文房具屋を営んでいた。

父の考《たかし》は1933年生まれの戦争を知る世代で、尾道市の小学校で教員をしていた。日比崎、吉和、栗原など尾道の町の学校を渡り歩き、最後はどこかで教頭先生をしていたと記憶している。

昭和一桁生まれの先生というと厳しい頑固親父を想像されるかもしれないが、うちの父はまったくそんなことはなかった。毎朝早くバイクで三原から尾道まで出かけていき、夜遅くなって帰ってくる。おかげで会話らしい会話のできる時間があまりなく、これをしなさい、あれもやりなさい、と口うるさく言われた記憶もほとんどない。

いまの私と同様に、父も毎日のようによく酒を飲んでいた。これは完全に血筋だ。

現代と違って多種多様な娯楽がなく、地方なのでテレビ番組も少なく、近所づきあいや親戚づきあいがいまよりずっと濃密だった昭和の時代である。我が家にはしょっちゅう町内会のおじさんが酒を飲みにやってきた。

確か、漁港の市場で働いていた人で、余り物なのか貰い物なのか、いろいろな魚介類を持ってくる。やあやあ、お疲れさん、とか何とか言いながらうちの風呂に入り、おふくろがビールを出して、おじさんが持参した魚をつまみに、父と酒盛りが始まるのだ。

今時の人の感覚では信じられない図々しさだが、このおじさんが持ってくる魚がまた、いまでは考えられないほど豪華だった。鯛や平目の刺身などに加えて、シャコを山のように持ってくる。いまのサラリーマンがあんな高級魚を手土産に他人の家に通っていたら、たちまち小遣いがなくなってしまうだろう。

ただし、残念ながら、私がご相伴にあずかることはほとんどなかった。食べさせてもらえなかったわけではなく、まだ小さかったこともあって、魚が苦手だったのだ。鯛や平日は大人の食べ物で、私はただ遠巻きに父たちの酒盛りを見ているしかない。休みの前の晩ともなると、父とおじさんは夜更けまで延々と盛り上がっていたものだ。で、翌日はお定まりの二日酔いである。

我が家は海辺に建っており、父は朝起きると1階の窓から身を乗り出し、その海によくゲーゲーと前夜の酒や魚を戻していた。いくら田舎の港町とはいえ、これもいまではなかなか見られない光景だろう。現代なら、近所の人に見つかると、何を言われるかわからない。

ついでに書くと、私も当時はこの窓から海に飛び込んだり、釣り糸を垂らして魚を釣ったりしていた。何度も竿を振っているうちに自分の太腿に釣り針が刺さってしまい、父に病院に連れていかれたこともある。

「大きな魚が釣れたな、おまえ」

父はそう言って笑っていた。小さいころの父の思い出といえば、そんな記憶ばかりだ。頭から角を出し、カミナリを落とされた怖い顔などまったく浮かんでこない。

母は父より少し年下で、房子という。私が生まれてからしばらくは専業主婦をしていたが、私が小学校の低学年になり、あまり手がかからなくなると、すぐ働きに出始めた。

仕事は今風に言うなら明治生命保険のセールスレディ、昔の言い方をすれば要するに保険のおばちゃんである。明治は三菱重工三原製作所をお得意様にしており、おふくろはお昼の休憩に契約を取りに回って、契約してくれた三菱の社員にアメを配っていた。こう書くとのどかなようだけれど、契約が取れないこともあり、なかなか大変だったらしい。

母について、いまもよく覚えているのは、駄々をこねるようにしてせがみ、ドーナツを作ってもらったことだ。

ある日、近所の女の子が、家で作ったショートケーキをお裾分けで持ってきてくれた。それを一口食べるや、その甘さ、おいしさに感激した私は、おふくろに言った。

「こういうの、ぼくの家でも食べたい。かあちゃん、作ってえや」

3人の息子を育てるため、少しでも家計の足しにするため、母は毎日朝から晩まで身を粉にして働いていた。そんなところへ末っ子が「甘いもの食べさせてくれなきゃ嫌だ」とわがままを言い出したのだから、おふくろもほとほと困ったことだろう。

そんな私のために、母はわざわざ1日仕事を休み、丹精込めてドーナツを作ってくれたのだ。母の思い出というと、いつも真っ先にあのドーナツが脳裡《のうり》に思い浮かぶ。たぶん、あの味は一生忘れないだろう。

ガキ大将、走る楽しさを知る

だんだんとスポーツに目覚めたのは、三原市立糸崎小学校に通うようになってからだ。ここでは6年間、毎日のようにソフトボールに明け暮れた。夏休みともなると、日が沈むまで夢中になってやっていた記憶がある。

そのころから、次第に走ることにも興味が湧いていた。これは、兄貴たちが先に陸上をやっていたこともあるけれど、何と言っても中国駅伝の影響が大きい。ちょうど、家から300mほどのところの国道2号線が駅伝のコースになっていたため、毎年家族そろって見に行っていたのだ。

当時、すぐに覚えた強豪チームと言えば、実業団スポーツの雄だったリッカーミシンである。1964年の東京オリンピックに10人の選手を送り出し、中国駅伝でも毎年のように優勝候補の本命と言われていた。両親や兄たちと一緒に沿道で先頭のランナーを待っていると、いつも選手が見えるより先に、伴走車に乗った監督の掛け声が聞こえてくる。

「リッカー、リッカー！　リッカー、リッカー！　リッカー、リッカー！」

ほかのチームが「イチ、ニ！　イチ、ニ！」と言うところを、リッカーだけは同じリズムで社名を連呼する。子供心にその迫力に気圧されていると、目の前をものすごいスピードで選手たちが走っていくのだ。

残念ながら、リッカーミシンは私が高校生だった84年にスポーツ活動から撤退、94年には会社そのものが消滅してしまった。ただ、当時のあのチームの勢いは、いまも私の脳裡にはっきりと焼きついている。

旭化成の宗茂、猛兄弟の疾走する姿も忘れがたい。いまの駅伝ではタスキを肩から脇にきちんとかけることが規則で義務づけられている。だが、当時の宗兄弟は首にかけるだけで、後ろになびかせながら走っていた。型にはまり過ぎている最近のスタイルに比べて、昔は泥臭いぶん、迫力があった。

そんな往年の駅伝選手のカッコよさに、私は魅了されたのである。知らず知らずのうちに、彼らの真似をしながら走るようになっていた。もちろん、運動会の駆けっこでは誰にも負けなかった。いつもいちばんだった。

小学4年で10歳になると、地元の市民マラソン大会に出場する資格が与えられる。地元の新聞に掲載された「三原市健康マラソン」や「尾道シーサイドマラソン」の告知記事を目にすると、出たくて出たくてたまらない。その記事を親に見せては、「これ申し込んでよ、いいでしょう?」とせっついた。

小学生の部だから、距離はせいぜい2～3㎞だ。それでも、気分だけはリッカーや旭化成の駅伝ランナーである。学校に行くと、自分と一緒に出る仲間を募った。

「おれ、健康マラソンに出るからな。みんなも一緒に走ろう。どうや！」

ソフトボールでチームの中心になっていた私は、マラソン大会にも自分の仲間を連れていかなければ収まらなかった。渋る同級生がいると、首根っ子をつかんで、引きずるようにして一緒に走らせたものだ。

これには後日談がある。のちに、同窓会で当時の幼馴染みと顔を合わせたとき、随分と文句を言われた。

「いつもおまえにマラソンに誘われて、嫌で嫌でしょうがなかったんじゃ」

「えっ、おれはてっきり楽しんどるもんじゃとばかり思うとったのに」

「おまえが強引に連れていくけえ、しょうがなしにつきおうとったんじゃ！」

「あっ、ごめん、ごめん」

当時の私は、小学4年にして、それぐらいのガキ大将になっていたわけだ。

そういうガキ大将の素質を発揮するようになったのは、もっと小さい時分からである。幼稚園のころから、近所の子たちを集めて遊ぶのが好きだった。これがのちのリーダーシップの源かどうかはわからないが、誰かに引っ張られるのではなくて、自分のほうにほかの子たちを引っ張り込み、いつも子供の輪の中心にいたように思う。

家で文房具屋を営んでいたころは、近所の子たちと東京鬼ごっこ、略して「東京鬼ごこ」という遊びをよくやった。店の売り物のチョークをもらい、店の前の道路に碁盤のようなマスを9つ書き、近くにある家や店などお気に入りの場所を記す。少し離れたところから特定のマス目を狙って小石を投げ、そのマス目に書かれた場所に走っていっては元の場所に帰って、いちばん早かったやつから順に5点、3点、2点と得点をもらえる、という遊びである。

こんなゲームを考えついては近所の子たちを誘い、みんなして盛り上がっていたのだ。

小学校に入ると聞きかじった言葉を使い、「暇人同好会」なるものを結成する。ここに仲のよかった子を5～6人引き入れ、下水管の中へ探検に行ったり、20㎞ぐらい離れたところへ自転車で遠出したりしていた。

とくに夢中になったのは、「むし野球」という遊びである。軟式テニスの柔らかいゴムボールを使った、野球の三角ベースのようなゲームだ。私と同じ世代、1965年前後に生まれた男子だったら、誰でも一度はやったことがあるのではないか。

ゴムボールなので、バットもグラブも要らない。ピッチャーはいなくて、バッターは自分でボールを放り上げ、手で打つ。ルールは三角ベースと一緒で、地面に書いたベースを回り、そこで入る点数を競う。ソフトボールと違って回数や人数は決まっておらず、5～6人もいれば時間を忘れて遊んだものだ。

当時、私の地元・三原あたりではこの遊びを「むし野球」、もしくは「むしボール」と呼んでいた。全国的には「ろくむし」という名前が一般的だったようで、ウィキペディアでもこの呼称で遊び方が紹介されている。

ちなみに、当然のことながら、プロ野球は広島東洋カープのファンで、これはいまでも変わらない。子供のころから年に一、二度、旧広島市民球場へカープの試合を見に広島市まで連れていってもらった。

初優勝した1975年、私は8歳だった。のちに監督も務めた〝ミスター赤ヘル〟山本浩二、連続試合出場記録を樹立し国民栄誉賞を受賞した〝鉄人〟衣笠祥雄の全盛期である。79年、80年の連続日本一に貢献したジム・ライトルの鉄砲肩も好きだった。

とにかくやんちゃ坊主で、何かやるとなったら嫌がる友だちも引っ張り込んでいたような性格は、2歳違いですぐ上の次兄の影響だ。彼は兄弟でもいちばんの暴れん坊で、高校のころには不良グループともつきあい、手がつけられないほどだった。要するに、こいつはヤンキーもヤンキー、大ヤンキーだったのである。

しかし、親分肌でバイタリティーがあり、人の面倒見がいい一面もあった。若いころは学業などそこそこに、自衛隊やキャバレーの呼び込み、工事現場での肉体労働など、さまざまな職業を転々としたのち、最終的に大型クレーンの運転手に落ち着いている。

そのときのセリフが傑作だった。

「夏にドカチンやってたら、暑うてかなわんし、疲れるばっかりじゃろ。クレーンはええで。運転席が冷暖房つきで、テレビまでついとるんじゃけえ。快適なもんよ」

早くに結婚して子供も作り、しっかり身を固めて福山市に自分の家を買った。と思ったら、私の知らないうちに福島へ出かけて、復興支援のための仕事をしていたりする。とにかく、私と同様、いや、私以上に熱いやつなのだ。ここまで私の中国電力での仕事ぶりを読んでいただいた読者の方なら、この弟にしてこの兄あり、と思われるだろう。

そんな兄貴にもかわいがられ、そろそろ卒業の近づいた小学5年か6年の冬休みだった。印象に残った新聞記事を切り抜き、その感想文を書くという宿題が出た。ちょうど12月には全国高校駅伝が行われており、77年、78年と宮崎県の強豪校・小林高校が2年連続で優勝していたときである。

私は、小林高校のアンカーがゴールテープを切った瞬間の写真と新聞記事を切り抜き、作文にこう書いた。

「ぼくも世羅高校に行って、高校駅伝で優勝したいです」

世羅高校は言わずと知れた広島県の陸上界№1の伝統校である。全国高校駅伝では兵庫県の西脇工業高校と並んで全国1位の優勝回数8回（2014年現在）を誇る。かつては宮崎の小林、愛知の中京高校とともに「高校駅伝御三家」とも呼ばれていた。

その世羅に入り、全国駅伝で優勝したい。小学生の私には、すでにそういう目的がはっきりと見えていたのだ。

初めての主将

三原市立第一中学に進むと、真っ先に陸上部に入った。このころにはもう、駅伝の選手になること以外、考えられなかった。

走ることはもはや子供の遊びではない。私は毎日暗くなるまで練習に励み、中学2年で県大会や通信陸上に出場した。通信陸上とは全日本中学校通信陸上競技大会の略称で、各都道府県の中体連（中学校体育連盟）が主催する大会だ。出場種目の標準記録を上回っていることが出場の条件なので、出られるだけでも大きな自信になった。

最初に県大会に出場できたのは、一つ上の向井隆通さんという先輩のおかげだ。彼はのちに同志社大学に進学し、インカレで100mのチャンピオンになった県下屈指のアスリートである。この先輩のお供というか、「おまえもついでに連れてっちゃろう」という感じで、県大会に出場させてもらったわけだ。

生意気盛りだったから、大会に出る前だけは意気揚々、先輩たちを食ってやるぞというぐらいの勢いだったが、とんでもなかった。居並ぶ先輩たちの前では、私の足など箸にも棒にもかからなかった。

当時、広島県には2000mの中学校記録を持つ先輩もいて、とにかくレベルが高かった。私が予選で一緒に走っていると、こっちはもういっぱいいっぱいなのに、先輩たちは飄々とした顔で「そろそろスパートをかけるか」などと話しながら、あっという間にパーッと遠くへ行ってしまう。

力の違いを思い知らされた。ガキ大将の私は、しょせん井の中の蛙《かわず》だったのだ。来年は負けんぞ！　3年になったら絶対勝つぞ！　子供心にそう誓ったことを覚えている。

しかし、中学3年になり、どんなにがんばっても、県大会の成績は5位どまりだった。800mも5番、2000mも5番、3000mも5番（現在、中学生の中長距離種目は1500mと3000mのみになっているが、当時のメインは2000mだった）。

そうした中で、これだけは一番になった。そう胸を張って言えるのが、3年の冬に出場した三原市中学校駅伝である。

これは陸上部の活動というより、私が音頭を取って参加した競技だった。いちおう、顧問の先生はついていたものの、それは表向きだけで、チーム編成、区間の人選、レースの戦略と、すべてにわたって私が指揮を取った。

この駅伝には、冬で対外試合のないテニス部やバスケット部、そうした部活を引退した生徒も参加できる。そこで全校的にメンバーを募り、これはというやる気と健脚の持ち主を集めた。陸上選手の選りすぐりではなく、いわば寄せ集め集団である。

しかし、このチームが強かった。

私はチームの主将として率先垂範、1区を走ってぶっちぎりの区間賞だった。

「よっしゃあ！　おれに続けえ！」

後続のテニス部もバスケ部もみんなが必死になって走り抜き、みごとに独走優勝である。しかも、これは三原一中にとって、20年ぶりだったか30年ぶりだったか、細かい年数までは覚えていないのだが、とにかくそれくらい久しぶりの優勝だった。つまり、われわれのチームは校史に名を刻んだのだ。

振り返れば、自分のチームを率いて駅伝に参加したのも、もちろん勝ったのもこのときが初めてだった。県大会や通信陸上のような権威ある大会ではないものの、この三原市中学駅伝における勝利は、私にとってかけがえのない成功体験となった。

のちに青学陸上部の監督に就任したとき、私は選手に成功体験を与えることを指導方針の一つに掲げた。練習の厳しさやつらさ、試合に負けた悔しさを感じさせることも確かに大事だ。とはいえ、そんな後ろ向きな経験をさせるだけでは、若い選手は伸びない。やはり勝った喜び、その喜びを一緒に戦った仲間と分かち合う幸せ、そういうものを実感させることも必要だと私は思う。

あの勝利の味をもう一度味わいたい。そういう思いが選手を前向きにして、競技に臨むモチベーションを高める。そんな私の信念の原点は、寄せ集め集団による三原市中学駅伝の優勝体験にあったようだ。

余談ながら、ついでに中学時代の思い出をもう一つ、私が予算の面でも陸上部に貢献していたことをつけ加えておこう。

実はこの時期、私は生徒会の会計係を務めていた。生徒会の選挙に会計係として立候補し、みずから就任したのである。なぜそんな面倒臭い仕事をわざわざ自分からやりたがるのかと、先生たちや周囲の友だちは当初、みんな首をひねっていたらしい。

私の目的は、学校全体の部活の予算から、陸上部の資金を確保することにあった。

中学生のクラブ活動とはいえ、練習や合宿をするには当然、それなりのお金がかかる。そこで、年度の最初の予算の取り合いになると、陸上部にはこれとこれが必要だ、だからこれだけお金がかかると、会計係としていろいろ理由を並べ立てて、部の運営のために予算取りを画策したわけだ。まあ、中学の部活なので、年間数万円程度の額だったが。

つまり、私はこのころから、そういう営業マン的な嗅覚も持っていたのである。これは学校で先生に教えられて身につくようなものではない。やはり、幼少期からの東京鬼ごむし野球、暇人同好会など、グループを作ってはさまざまな遊びをしていたからこそ、徐々に備わってきたセンスではなかろうか。


中学を卒業したら、世羅高校へ進んで全国高校駅伝で優勝することしか考えていなかった。先にも書いたとおり、それが小学校時代からの目標だった。初志貫徹のため、私はみずから世羅へ進む道を探った。

ちょうど三原一中の陸上部の顧問の先生が世羅出身だったので、口を利いてもらえないかとお願いした。要するに、自分から獲ってくれと売り込んだのである。

世羅でも、こいつは見込みがあると踏んでくれたのか、顧問や指導者の先生がわざわざ三原の我が家まで足を運んでくれ、その時点で事実上進学が決まった。もちろん、入試はきちんと受けて合格している。

しかし、世羅で練習を積み、レギュラーとなって活躍するんだという私の意気込みは、入寮するといきなり挫かれた。練習が厳しいだけならまだしも、寮に帰ると2年、3年の先輩たちの〝躾〟と〝指導〟が待っている。これがたまらなかった。

寮は4人部屋で、広さは8畳くらい。その両脇に2段ベッドが置かれている。その間の狭いスペースに正座をさせられ、1時間、2時間と延々説教されるのだ。

さらに、世羅の伝統なのか、正座したまま両手を挙げ、万歳の格好をさせられる。そこへ、先輩たちがげんこつを振り下ろし、物を投げつけてくる。たまったものではない。

夏休み中は暑いため、練習は午前中だけで終わる。早朝から走っているし、疲れているしで、練習後に汗を流したら、2年、3年はさっさと部屋に帰ってベッドに倒れ込む。

ところが、1年だけはベッドに寝ることが許されていない。携帯電話のない時代だから寮の電話番といった仕事もあり、何だかんだと理由をつけてずっと起きているように強要される。これがまたつらい。

それでも、睡眠不足と疲労が重なっているから、誰もが部屋で机に頭を垂れ、居眠りをしてしまう。すると、そこへまた先輩たちがやってきて怒鳴り散らすのだ。

「わりゃあ、何やっとんじゃ、バカたれが！　そこへ正座せえ！　両手を挙げい！」

言われたとおりにしたら、すぐに手が出る、足が出る。ドカン、ボッカン！　毎日のようにそんな理不尽な日々が続いたのだ。

いくら伝統とはいえ、どうかと思うような不思議で不合理な習慣も多かった。

たとえば練習が始まる前、監督にきょうは何をやるかという説明をされたら、部員たちは「ありがとうございました！」と答えなければならない。練習後ならわかるが、練習前なのだから「お願いします」と言うのがふつうだろう。ところが、世羅ではなぜか必ず練習前に「ありがとうございました！」と言って頭を下げるよう躾けられた。しかも、ずっと遠くからでも聞こえるような大声で、だ。

妙な挨拶では、「サキサン」という言葉もあった。たとえば、われわれ1年が先に風呂に入っていて先輩たちが入ってきたら、即座に立ち上がって「サキサン！」「サキサン！」と言うのである。どうも、「お先に失礼しております」という意味らしいのだが、私にはどうにも理解できなかった。

後輩は先輩の髪を流さなければならない、という少々気持ちの悪い決まり事もあった。一緒に風呂に入っていて先輩が髪を洗い始めたら、後輩は桶を手にうやうやしく近づき、

「髪、流させていただきます！」とやるよう義務づけられていたのだ。そんなこと、シャワーが6基もあるのだから、そっちで流したほうがよっぽど早いのに。

中学までガキ大将で通していた私にとっては、大変なカルチャーショックだった。体育会を通り越して、まるでカルト教団の洗脳の儀式か何かのように思えたものだ。

実際、世羅に入るまでの私を知っている人たちはびっくりしたようだ。

1年のとき、ゴールデンウィークで初めて三原の実家へ帰省した際、「お世話になったんだから中学へ挨拶に行ってきなさい」と親に言われて三原一中を訪ねた。職員室へ入るとき、自分で意識していなかったのに、外まで聞こえるほどの大声が出たのだ。

「こんにちはあっ！」

女の英語の先生が驚いて振り返った。

「あら、原くん、久しぶりね」

「はいっ！」

「わざわざ挨拶に来てくれたの？」

「はいっ！」

先生が吹き出した。

「まあ、すごい返事ね。変わったねえ。昔と全然違うじゃない」

「はいっ！」

今度は戸惑いの表情を浮かべた。

「あのね、原くん、ここではふつうにすればええんよ、昔と同じように」

「はいっ！」

たった2ヵ月で、あのやんちゃ坊主でガキ大将の原がこんなに変わるのかと、誰もが口をあんぐりさせていた。それこそ、カルト教団の信者でも見ているような目をして。

最高の成功体験

やがて、3年になり、主将になると、私はそれまで陸上部に蔓延《はびこ》っていた悪習をすべて撤廃した。寮での反省会はやるけれど、正座で万歳や無意味な体罰は厳禁で、先輩が後輩に風呂で髪を流させることも禁止。大声での挨拶などはともかく、練習の邪魔になるような理不尽な行為を一掃したのである。

しかし、われわれの代の3年は肝心の実力が伴っていなかった。本当に弱かった。監督の宮広重夫先生に「おまえらは駄馬軍団だ」と大っぴらに言われていたほどだ。

3年の夏、合宿が終わった直後の5000mTT（タイムトライアル）で私たち3年はみんな負けてしまった。2年、1年に一人も勝てなかったのだ。私は3年だけの緊急ミーティングを招集した。

「どうするんや。このまま、駄馬じゃ、駄馬じゃ言われて終わってもええんか！」

誰もが危機感を抱いていた。すぐにはどうしていいかわからない。それでも、強くなるために役立つことなら何でもやろうと、いろいろな意見が出た。

「コーラやらサイダーやら、炭酸飲料を飲むのはやめよう。あれは身体に悪いけえ」

「菓子もいかん。3年は間食禁止じゃ」

いま振り返るとかわいい意見ばかりだが、昔はこれでもみんな必死だったのだ。

そうした生活面では、非常に心強い右腕がいた。私と同郷の三原の佐木島出身で、中洲浩二くんという選手である。彼はもともと県下でも有数のランナーであり、私より強いぐらいだった。それが自分で体力の限界を感じたのか、途中で裏方に回るようになり、みずから寮長の役を引き受けてくれたのだ。

それ以後、主将の私がグラウンドで選手を引っ張って、寮長の中洲くんが生活面を管理する、という協力態勢が出来上がった。中洲くんが「寮の掃除をしよう」と言えば、私が率先して掃除の手本を見せた。そんな小さなことでも、一つ一つ、日ごろの寮生活の中で積み上げていくことが、チームの結束を固くするのだ。

このときの経験は、チームにおけるマネージャーの役割の重要性を私に教えてくれた。これは20年近くのちに青学の監督に就任したとき、大いに役立っている。

あの屈辱のTT以降、3年を中心にチームの和が確立した。そして、駄馬軍団と呼ばれたチームはより練習に励んだのだ。

　私は、駄馬と呼ばれるために三原から世羅にやってきたのではなかった。小学校の作文に書いたように全国高校駅伝で優勝するために進学したのだ。３年になって、その目的を達成するチャンスは、あと１回しか残されていない。何が何でも勝ちたかった。

　そして、１９８４年12月23日、私は主将として第35回全国高校駅伝に臨んだ。この年、優勝候補の本命は前年の覇者、兵庫県の報徳学園。しかし、われわれが全力を尽くせば、けっして勝てない相手ではない。

　舞台は京都の都大路で、スタートとゴールの地点は京都市西京極陸上競技場。一時期、この近くにシスメックス女子陸上競技部の寮があって、２００４年アテネオリンピック金メダリストの野口みずきさんがよく練習していたことでも知られている。

　ここを出発して、２区は烏丸鞍馬口《からすまくらまぐち》、３区は河原町丸太町、４区は折り返し地点の国際会館前、５区は寺町丸太町、６区は烏丸紫明《しめい》とタスキをつなぎ、最後は北野中前からふたたび西京極の競技場に戻ってくる。計７区、マラソンと同じ42・１９５kmのコースで、47都道府県の代表校が覇を競うのだ。

　私が出場したのは、ちょうど真ん中の４区だった。８・０８７５kmと、全区間で３番目に長い区間である。

　タスキを受け取ったとき、先頭とは45秒差の９位だった。十分に追いつける。私は６人抜いて3位に上がった。区間賞こそ獲れなかったが、24分25秒は区間2位の成績だった。

さらに、タスキを渡した西田くんが、5区の3㎞を区間賞の8分56秒で駆け抜けた。トップとの差が一気に10秒差まで縮まった。7区を走るアンカーは同期の三浦学で、彼の強さなら私がいちばんよく知っている。あいつにつなげばおれたちが勝てる、優勝できるぞ、と、このときは思った。

しかし、誤算は6区だった。うちのチームの選手は、1、2位を走る報徳学園高校や愛工大名電高校のランナーと比べて、あまりに力が劣っていた。差があり過ぎた。うちの選手がブレーキになったというわけではない。彼は彼なりによく走った。ただ、報徳や愛工大名電のほうが、彼以上に走れる選手を6区に配していたということである。

それでも、アンカーの三浦は最後まであきらめなかった。報徳に45秒差、愛工大名電に32秒差でタスキを受け取ると、ここから文字どおり怒濤《どとう》の追い上げを見せる。そして、ゴール手前10mで愛工大名電を逆転、僅か1秒差で2位に入ったのだ。悲願の優勝こそできなかったものの、土壇場で準優勝をもぎ取ったのである。

「やったあ！」

三浦がゴールに駆け込むや否や、待ち構えていた私は歓声をあげた。チームメートも大喜びしていた。たとえ2位でも、主将としての感激、ここまできたという達成感は、限りなく1位に近い2位だった。

高校時代の陸上生活の中で、このときの準優勝は最高の成功体験だった。伝統と格式があり、全国から注目されている大会だけに、寄せ集め集団で優勝した中学時代の三原市中学駅伝の優勝とはまったく違っていた。

こうして、私は一歩一歩、着実に、駅伝に勝つ人生を歩み、勝てる方法を学んでいたのだ。このときまでは。

余談になるが、私たち3年が卒業すると、世羅ではふたたび先輩による後輩へのイジメや理不尽な仕打ちが行われるようになった。

私が主将だったころ、2年の間では大変な不満が鬱積していたらしい。自分たちが1年のときは、2年、3年にさんざんいいようにやられてきた。こういう習わしは順送りだ。誰もが後輩のときは先輩にやられ、自分が先輩になったら後輩に同じことをやる。当然、おれたちにも1年をイジメる権利がある、と2年の連中は考えていた。

ところが、私の下の代は、私が〝イジメ禁止令〟を敷いたため、1年に手が出せなくなってしまった。で、私が卒業し、自分たちが3年になったとたん、これからは好きなようにやらせてもらうとばかり、いっせいに2年も1年もボコボコにし始めたわけだ。

そんな後日談を、私は瀬戸昇くんに聞かされた。彼は世羅で私が3年のとき、1年だった後輩である。のちに青学の陸上部に進み、RCC（中国放送）のラジオ営業部に勤務するようになる。そのころ、私がハウスプラス中国住宅保証の宣伝などについて相談に乗ってもらった人物である。

当時の彼についての思い出と言えば、病院を紹介したことだろうか。

最初のうちは練習でいい走りをしていたのだが、次第に調子を落として、しきりに「耳が痛い、耳が痛い」と訴え始めた。そこで、私が小さいころから通っていた三原の耳鼻科で治療するように勧めたのである。

お互い大人になってビジネス上のつきあいをするようになってから、瀬戸くんはときどき、そのときのことを思い出して言っていた。

「原さんに紹介された病院のおかげで、耳がよくなったんですよ。あれは忘れません」

そんなことを言われても、面映ゆいというか、くすぐったい気がしてしまうというか。

まさか、その瀬戸くんに青学陸上部の監督になるよう勧められるとは思わなかった。

後輩からの突然の電話

世羅を卒業したら中京大学へ進むことは、高校生活最後の全国駅伝を走る前に決まっていた。顧問の先生の推薦である。ここで大学駅伝に参加し、それなりの実績を築いたら、今度はヤクルトに入社して実業団駅伝に出場するつもりだった。

しかし、すでに書いたとおり、ここではまったく練習に身が入らなかった。

寮住まいではなく、アパートで一人暮らしをしていたことも〝堕落〟の一因だったかもしれない。豊田市の梅坪で借りたアパートは築20年以上経っていたが、家賃3万5000円と安い割には、6畳二間、4畳半一間とけっこう広くて、家族で住んでいる親子もいた。そのうえ、乗り回していたマイカーがホンダ・プレリュードの新車である。

高校時代に厳しい寮生活を強いられた反動もあって、私は連日羽を伸ばした。いちおう練習はしていたけれど、暇さえあればパチンコ屋に通い、彼女とのデートに精を出す。酒が飲めるようになると、梅坪の駅前にあった居酒屋に毎日通った。飲んで勢いがついたら、カラオケにも繰り出した。

当時は世の中全体がバブル経済に浮かれていた時代である。学生である私も派手に遊んだものだ。これではハングリー精神など芽生えようがない。

また、一人で遊ぶのにうってつけなのがパチンコだ。名古屋はパチンコの本場で、当時は三洋の〈パニック・パートⅢ〉が流行していたころである。この機種の出目の法則を割り出し、ストップボタンを押してサイクルを変える、という攻略法を考えた。この出目が出たら次はこの出目、さらにその次の出目で大当たりと、いったんコツをつかむとおもしろいように玉が出てくる。

一時、三原に帰省した折、やはり同じ機種で大儲けしていたところ、これはたまらないと店に警戒されるようになった。店内にストップボタンを使わないよう貼り紙が貼られ、

「あんたはもう来ないでくれ」と出入り禁止を言い渡されたほどである。

大学3年になり、このままではいけないと考えを改め、ふたたび練習に打ち込み直した時期もある。それでも、一度ゆるんだタガはなかなか元に戻らない。日本インカレで3位になるも、全日本大学駅伝では特筆すべき結果は出せずに終わっている。あげく、入社を希望していたヤクルトには門前払いを食らわされた。


三原一中から世羅へ進むときは、私の中に覚悟があった。いくら一中で三原市中学駅伝に優勝したとはいえ、世羅は「高校駅伝御三家」の一つとして勇名を馳せ、全国的にもトップレベルにある。みずから望んでそういうところへ飛び込むからには、けっして途中で逃げ出したりはできない。何が何でも結果を残さなければならなかった。

3年になってもタイムが伸びず、1年、2年にも抜かれるありさまで、監督に駄馬とまで言われた。そうなるとよけい、絶対にこのままでは終われないという危機感が募った。そういう覚悟が、最後の最後になって、全国高校駅伝の準優勝につながったのだ。

それに引き換え、中京大は自分が来たくて来たわけではない。中国電力に入ったときもまた、私には覚悟がなかった。これはのちに監督となった坂口さんに面と向かって言われたとおりである。

しかし、あとになって考えれば、やはり私が間違っていたのだろう。

沖さんや松本さんも、かつては世羅高校で主将を務め、全国高校駅伝で準優勝した実績を見込んだからこそ、中電陸上部にエースとして招いてくれたのだ。おそらく、本心ではもっと私に期待をかけてくれていたはずだ。もっと目覚ましい成績を挙げてほしかったに違いないのだ。やっとそういうことがわかりかけてきたのは、私が陸上部を引退したあとで、すでに10年たっていた。

その後、可部サービスセンターや徳山営業所の営業マンとして成績を挙げ、新規事業のハウスプラス中国住宅保証でも意欲的に仕事に取り組んできた。

これでいいのか、悪いのか、しかし、いまのおれにはほかに何の選択肢もない。そんなことをぼんやり考えていた2003年ごろ、後輩の瀬戸くんから電話がかかってきた。

「原さん、青学が陸上部の監督を探してるんですけどね。興味ありませんか」

そう聞いたとたん、心が疼《うず》いた。

私はそれまで、陸上に対する未練を腹の底へ押し込み、無理やりフタをしていたようなところがあった。それが、瀬戸くんの一言によってポンとフタが外れ、一気に吹き出したような感じがした。

「おい。その話、詳しく聞かせてくれよ」

その場ですぐ、瀬戸くんと行きつけの店で会う約束を取りつけた。当時、彼とよく一緒に行っていた鉄板焼き店「じゅじゅハウス」だ。

退路を断ち、青学へ

瀬戸くんは青学の陸上部ＯＢで、監督就任の話も、もともとはＯＢ会から瀬戸くん本人に打診されたものだった。

青学は１９７６年を最後に箱根駅伝から遠ざかり、このとき30年近くにわたって低迷していた。寮も専用のグラウンドもなく、他校のようなスポーツ推薦入試制度にもそれほど力を入れていない。そうした体制を２００４年から一新、施設の充実を図り、特別強化指定部制度も創設して強い選手を獲得し、積極的に強化を推し進めていく。ついては、監督としてその先頭に立ってほしい、というのだ。

しかし、ＲＣＣの仕事にやりがいを感じ、安定した生活を得ている瀬戸くんにとって、青学が提示した条件は呑《の》めるようなものではなかった。嘱託としての３年契約で、その後も更新するかどうかは結果次第とあっては、ＲＣＣでの仕事を擲《なげう》ってまで引き受ける気になれなかったのも無理はない。

とはいえ、当時、著しく低迷していた青学陸上部の現状はやはり気になる。おれ以外には、誰を監督の候補に考えているのか。瀬戸くんが親しいＯＢにそう尋ねると、五輪出場歴もある日本代表選手をはじめ、陸上界で著名な候補者がズラリとリストアップされていたという。

あなたには、これという人材に心当たりはないか。逆にそう聞かれた瀬戸くんはしばし考えをめぐらせ、いろいろな人間の顔を思い浮かべたのち、私の名前を挙げたのだ。

私自身は、とうの昔に陸上や駅伝への未練は断ち切ったつもりだった。それでも、世羅の後輩の瀬戸くんと飲んでいると、陸上で思うように力を発揮できなかった悔しさ、まだ腹の底で残り火のようにくすぶっている陸上への思いが口をつくことも少なくなかった。

「おれ、陸上の世界でまったく信頼されなくなっとるんじゃ」

そんなセリフを瀬戸くんに聞かせたことも一度や二度ではなかった。自分ではそういう意識はなかったが、ああ、原さんはいまでも悔しいんだな、いつか、どこかで陸上界に復帰して見返してやりたいんだろうなと、瀬戸くんは感じていたそうだ。

瀬戸くんの話をみなまで聞くまでもなく、腹の底からふつふつと滾るような思いが湧き上がってきた。青学に行きたい。陸上部監督として、箱根駅伝に出場したい。

中電の陸上部を引退して10年、やっと陸上界へ返り咲くチャンスがめぐってきたのだ。36歳という自分の年齢からして、これが最後のチャンスになるだろう。私もあれから営業マンとして経験を積み、人を動かすとはどういうことか、チームをまとめて一つの目標に突き進むときには何が必要で何が障害になるのか、さまざまなことを学んでいる。

いまのおれだったら、新しい切り口で陸上に取り組める。きっと勝てる駅伝のチームを作ってみせる。そして、原晋はまだ死んではいないと証明するのだ。そう思うと、いても立ってもいられない気分だった。

しかし、現実には、なかなかすぐには踏み切れなかった。当初、妻の美穂にも、自分の両親にも猛反対されたからだ。私に賛成してくれる者は、家族の中にすら一人もいないありさまだったのである。

先に書いたように、そもそも妻は私とつきあい始めたころ、私が陸上部の選手だったとは知らなかった。あくまでも中国電力の営業マンと結婚したつもりだったのだ。彼女の親にしても、中電の社員なら生涯、広島で安定した生活を送れるものと安心したからこそ、大切な娘を私にくれたのである。

しかも、当時はちょうど、広島市内に家を買ったばかりだった。戸建ての建売住宅で、安佐南区の眺望のいい丘の裾野に建っている。40坪の土地に上が3部屋、下が1ＬＤＫ、車2台停められる駐車場つきの2階建てで、4300万円だった。

サラリーマンとしてはそういう思い切った買い物をしてから僅か1年半後、青学の監督就任の話が舞い込んだのである。もちろん、まだローンは2000万円程残っている。妻が反対するのも無理はなかった。

そのとき、彼女に言われた言葉は、いまでも忘れられない。

「でも、私がいま青学に行くのを止めたら、あなたは一生愚痴を言うでしょう。あのときはおまえに行かせてもらえなかった、おまえに行かせてもらっていたらって」

彼女と結婚したのは東広島営業所時代である。つまり、私が最も腐っていたころで、当時は愚痴を聞かせてばかりいた。いまでもときどき、可部、徳山、広島と転勤していたころを振り返って、「あのころは愚痴と引っ越しばかりだったねえ」と言っているほどだ。

「せっかくこういう話が来てるんだったら、あなたのやりたいようにやったら」

「そうか、賛成してくれるか」

「いえ、反対は反対ですけどね、一生愚痴を聞かされるぐらいなら、思い切って勝負してみたら、ということよ」

そういう言い方で、妻は私の背中を押してくれたのだった。

ずっと反対していた私の母親も、最後にはこう言ってくれた。

「私が何を言ってもしょうがないんでしょ。いくら反対しても、あんたは青学へ行くんでしょ。だったら、どうせ行くんなら、日本一になりんさいよ」

青学で失敗しても食いっぱぐれのないように、〝保険〟をかけておこうと考えたこともある。中電からの出向という形で青学に赴任できないか、わだかまりのある陸上部スタッフにお伺いを立ててみたのだ。こういう計算を忘れない性格は、生徒会会計係として部費を確保していた三原一中の陸上部時代から変わらない。

しかし、即座に返ってきた答えは、「とうてい認められない」だった。中電では陸上で成果を挙げられず、会社に迷惑をかけた人間が、今度は自分の勝手な都合で陸上に戻ろうとしている。なぜ中電が、そんなやつの生活の保障をしてやらなければならないのか。論外だと言わんばかりだった。

陸上部の言い分は正しい。私としては一言もない。しかし、このように言下に退けられると、かえって燃えた。私は昔から自分のやりたいことに反対されたり、否定されたりすればするほど、かえってメラメラと反骨心を燃やすタイプなのである。

このときはとくに、こちらを小馬鹿にしている陸上部側の声や視線を感じた。落ちこぼれ陸上部員の原が、いまさら何を世迷い言を言っているのか。あんなやつが青学の監督になったところで、箱根で勝てるどころか、出場することすらできないだろう、と。

いまに見ていろ、と思った。

そんなとき、ハウスプラス中国住宅保証の社長、吉屋文雄さんに声をかけられた。すでに書いたように、私が中電時代に知り合ったいちばんのカリスマ営業マンである。

「おまえ、青学へ行くのに、中電からの出向を希望しとるらしいな」

ええ、そうですけど、とうなずいた私に、吉屋さんはこう畳みかけた。

「そんな宙ぶらりんな状態で行って、簡単に出られるんが箱根駅伝なんか。箱根というのはそんなに軽いもんか。中途半端な気持ちでも出られる程度のもんじゃったら、出たっておもしろくも何ともないな。わざわざ東京まで行く必要もないと思うで。

人生の決断いうのは、そんなもんじゃないじゃろう。退路を断って挑戦してこそ、素の人間が出る、本当の力が発揮できる。だいたい、出向なんかで行ってみろ、今時の学生はすぐ足下を見透かしてきよるから。ああ、こいつはダメだったらすぐに広島へ逃げ帰るつもりだと思われるだけじゃ」

私は、言葉を失った。かつて、会社の資本金が半分以下になった預金通帳を吉屋さんに突きつけられ、「この金がなくなったらどうすんの？　中電に帰るんか！」とどやされた記憶がまざまざと蘇った。

吉屋さんは、行くからには覚悟を持て、と言ってくれたのだ。またしても私が忘れそうになっていたいちばん大事なものを、吉屋さんが思い出させてくれたのである。

「ありがとうございました」

頭を下げた私に、にやりと笑って吉屋さんはこう言った。

「まあ、おまえにもし何かあったら、ハウスプラスで拾うてやるよ」

第4章 男の証明 ～箱根への挑戦～

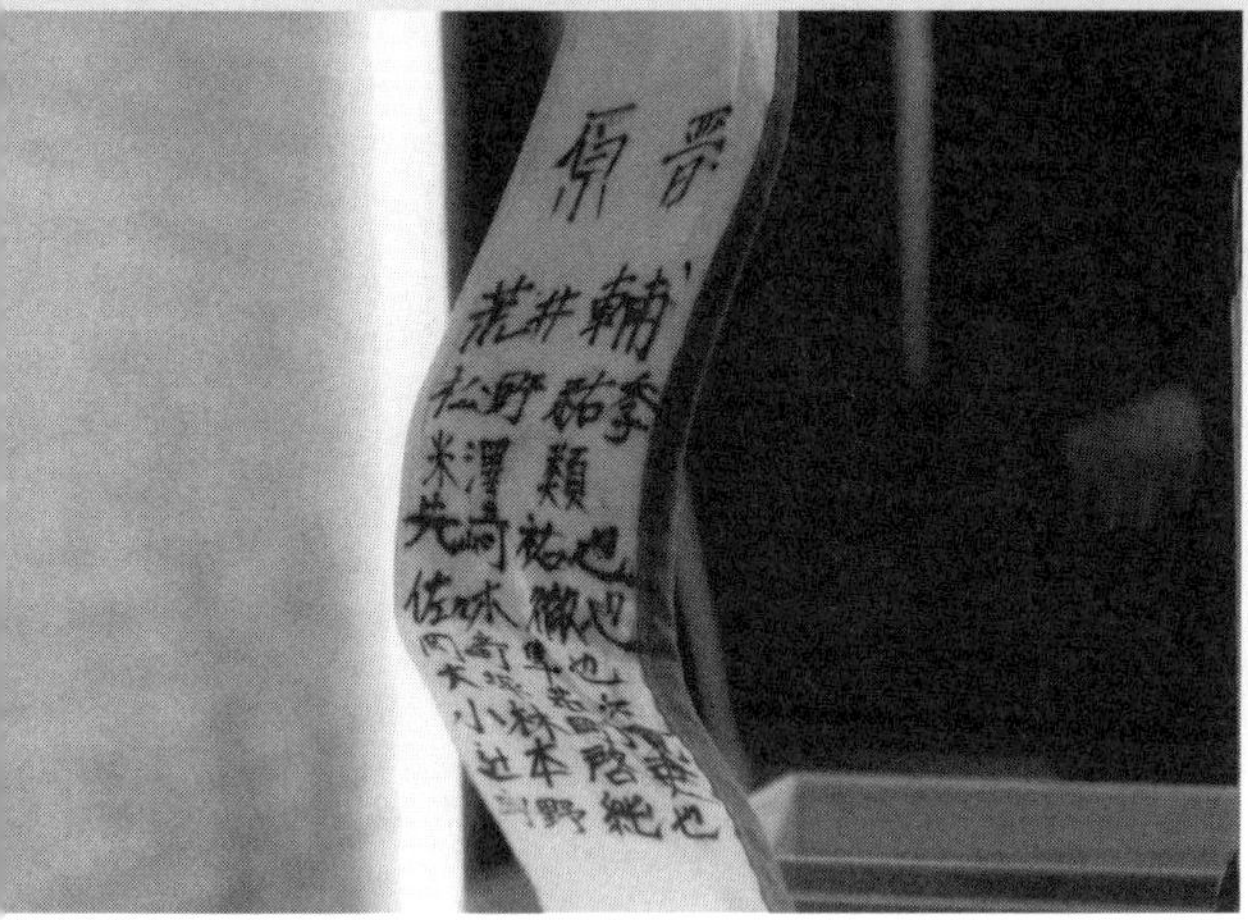

上／就任3年目、箱根予選会で敗れ、関係者に頭を下げる
下／33年ぶりに箱根駅伝に出場した第85回大会のタスキ

営業体験を生かし、大学にプレゼン

2003年7月5日、私は自分で作成した資料を携え、広島から横浜へ向かった。いかにして青学陸上部を強化し、箱根駅伝の優勝まで導くのか、大学の強化委員会とOB会に対するプレゼンで、私なりの明確なプランとビジョンを披露するためである。

プレゼンを控えて、RCC（中国放送）の瀬戸昇くんは根回しに余念がなかった。彼は2週間ほどの間に広島から東京へ3～4回も足を運び、OBたちと会合を持って、かなり濃密な話し合いをしたという。

OBたちからはさまざまな疑問を浴びせられたらしい。原晋とはどのような人間か。指導者として適任か否か。10年も陸上界から離れていたブランクは問題ないのか。そういう人間がどうやって青学を強化しようと考えているのか。そのための具体的な計画や方法論をちゃんと持っているのか、と。

そんなOBたちの問いかけに、瀬戸くんは誠意を持って答えてくれた。

原は確かに、中国電力では結果を出せなかった。だが、その屈辱をバネに、営業の仕事でトップクラスの成績を収めている。陸上にかける情熱もいまだに健在だ。駅伝に対する執念ならけっして人後に落ちない。

そんな瀬戸くんの熱心な説得に、青学陸上部やOB会も興味を持ってくれたらしい。

そして、私自身が彼らの前でプレゼンすることが決まったのだ。次回は、原氏本人から話を聞かせていただきましょう、と。

青山学院大学の体育会陸上競技部の歴史は古い。1918年に創設され、草創期には22年の日本陸上競技選手権の800mで優勝した坂入寅四郎、24年には100mで日本選手権を獲得した高木正征など、あまたの名選手を輩出したという。

悲願だった箱根駅伝への初出場は戦時中の43年の第22回大会で、このときは11位に終わっている。その後、しばらく予選会を突破できない時期が続き、65年の第41回大会で22年ぶりの出場を果たした。ここでは14位だったものの、翌66年、67年と連続出場を続けて、68年の第44回大会で7位に躍進し、初めてシード権を獲得した。

以後、青学は76年の第52回大会まで、実に12年連続出場を果たしている。10位以内は68年の7位、69年の9位の2度だけだったが、当時はそれでも箱根の常連校だったのだ。

しかし、その76年、いまも箱根路の歴史に語り継がれる悲劇が起こる。初めてアンカーを任された4年の杉崎孝選手が、大手町のゴール150m手前で意識を失って昏倒、そのまま病院に搬送され、記録なしという結果に終わったのだ。

杉崎さんはもともと800mの選手だった。就職活動のためにあまり満足な練習もできず、風邪ぎみのままレースに臨んだという。しかも当時は給水制度がない。おかげで脱水症状に陥り、全身が痙攣《けいれん》して走れなくなってしまったのだ。

この悪夢のような事件以来、青学のタスキは途絶えたままとなっていた。

もっとも、これほど長らく青学が低迷しているのは、施設や制度上の不備も大きい。

青学には私の監督就任当時、専用のグラウンドはおろか、宿舎もなかった。いちおう、主たる練習場は大和市の市営競技場で、その近くのアパートを陸上部専用の宿舎として、選手たちを住まわせていた。だが、寮母も管理人もおらず、選手の食事も外食がほとんどだ。門限もないから、いつもてんでんばらばらに行動している。

おかげで体調管理もままならず、毎日練習する場所すら決まっていない。それ以前に、スポーツ推薦入試制度によるスカウティングにも力を入れていなかった。これでは、自前の寮とトラックを持ち、外国人留学生や高校のエリート選手も積極的に受け入れている他校に差をつけられるのも、当然過ぎるほど当然だった。

強化委員会でもそうした点の改善に努め、より強い選手を高校からスカウトするべく、特別強化指定部制度の導入を決定していた。私が監督に就任する2004年春には、その一期生が入ってくる。だが、その半面、彼らを入れるべき宿舎がまだなく、専用のグラウンドも確保できていない。

これから改革すべき点は山のようにある。おそらく、想像を絶するほどの困難が待ち構えているに違いない。生半可な覚悟じゃ務まらないだろう、と私は思った。

プレゼンの会場は東海道新幹線の新横浜駅に程近い新横浜グレイスホテルだった。私がその会議室に入ると、すでに青学の強化委員会の面々が待ち構えていた。

陸上部部長の伊藤文雄先生（のち顧問）、当時監督だった岩崎省三さん、コーチの安藤弘敏さん。OB会からは会長の中西英一さんをはじめ、8人のOBが顔をそろえている。もちろん、私の推薦者である瀬戸くんも同席していた。

私は最初に、「強化のビジョン」と題したA4のコピー用紙をみなさんに配った。これからどのようにして青学を強化していくか、自分でパワーポイントで作った図表である。これをじっくり見てもらったうえで、おもむろにプレゼンの本論に入っていった。

「2004年4月、私が陸上部監督に就任すると、それと同時に、特別強化指定部（強化部）の第一期生たちが入ってきます。ここから強化に取り組んで、09年までに予選会突破、箱根駅伝出場を目指します。続いて、13年まで、次の5年でシード校になる。常に10位以内に入る常連校としての力をつけるべく、強化を推し進めていきます。そして、次の年の14年、悲願である優勝を狙おう、と考えております」

ここで、しっかりと強調した。

「つまり、就任して3～5年で箱根出場、5～9年でシード校に昇格、10年で優勝する。以上が、私の長期ビジョンです」

このプレゼンのやり方は言うまでもなく、吉屋文雄さんがハウスプラス中国住宅保証で使っていた手法をそっくりそのまま頂戴したものだ。けっして「元陸上界の原」ではなく、「現役営業マンの原」「ビジネスマンの原」として、私は青学陸上部の監督に就任する。この日のプレゼンは、そういう新たなアプローチの第一歩だったのである。

もっとも、だからといって、自信があったわけではない。青学の誰もが納得できるようなプレゼンができたかどうか、自分でもよくわからない、というのが正直なところだ。

意気込みだけは相当なものだったけれど、10年も陸上の現場から離れていたため、このとき浦島太郎も同然の状態である。しかも、陸上部の主将として同僚や後輩を率いてきた経験ならあるが、監督として選手を指導したことは一度もない。教えることに関しては、まったくのド素人なのだ。

そのうえ、寮ができるのも、強化部の選手が入ってくるのも翌年の4月からだ。具体的な強化プランを立ててみせようにも、そのための材料があまりに乏しい。

それでも、選手をどのように育成し、どうやって勝てるチームを作り上げるか、私なりの教育方針を説明しなければならない。

箱根で勝てるようになるには、選手たちの意識を改革し、自主性を引き出す指導が大切だ。また、駅伝はマラソンと違ってチームで戦う団体競技であり、一体感や団結力を必要とする。個々の強化とともに人間教育のほうもしっかりやっていきたい。

そうしたことを懸命に訴えた。強化委員会やOB会のみなさんにはどう聞こえたかわからないが、私自身は必死だった。

04年4月、強化部一期生が入ってきたら、箱根に出るための選手を重点的に鍛える。と同時に、寮生活においてはバランスのよい栄養を摂る食事、疲労回復のための入浴など、ふだんからの体調管理の重要性を徹底的に指導する。

続いて、2年目の05年、二期生が入部してきたら、「強化部としての意識改革」をもう一歩推し進める。一期生と二期生の力を合わせて、チームとしての「一体感」を養うことに力を注ぐのだ。

さらに、寮則の充実を図り、選手にこれをしっかり守らせ、集団生活の中で協力し合うことを学ばせる。加えて、インカレのランキング表を寮に貼りだし、お互い刺激し合い、切磋琢磨し合ってチームとしての力を高めていく。そのためにも、インカレ入賞を目標として練習に取り組ませる。

三期生が入ってくる06年になったら、強化部の選手が陸上部員の過半数を占めるようになる。そこで、この年は本格的な「戦う集団作り」に取り組むつもりだった。

われわれの目標はまずは箱根駅伝に出場することだ。寮の規則正しい生活で体調を整えるのも、常日ごろの練習で力をつけるのも、インカレで好成績を挙げるのも、すべては正月に箱根で優勝するためなのだ。そういう意識を改めて徹底させるのが3年目である。

こうして一年一年、きちんと段階を踏み、青学陸上部をまずは「予選を突破するチーム」に生まれ変わらせる。早ければ、この3年目で予選会を突破し、箱根駅伝出場にこぎつけたい、という少々虫のいい思惑もあった。

それがいかに甘い考えだったか、3年後になって思い知らされる羽目になるのだが。

とにもかくにも私のプレゼンが功を奏したようで、OB会はゴーサインを出した。私のことがOB会から大学当局へ報告され、私はもう一度、理事会と執行部に対するプレゼンを行っている。このあと、晴れて正式に監督就任が認められたのだった。

任用される身分は大学の嘱託職員だ。契約期間は3年。その間、中電と同等の年収が保証される。

こちらからは、3年間で評価に値する結果を出したら、その後も契約を継続してほしいという要望を伝えた。もちろん、それなりの成績を挙げられなかったら、3年後にクビにされても文句は言えない。

監督としての実質的活動は、03年11月1日からスタートする。中電を正式に退職するのは04年3月31日付となるので、正式な職員としての専任監督就任は翌日の4月1日付だ。それまでの期間は、高校生のスカウト、および合宿での指導にあてられる。

毎年、スポーツ推薦枠で8人の強化部選手を獲得できることも確認した。加えて、若干ではあるが、大学に強化費として特別援助金を出してもらう約束も交わした。

私からも要望していた寮についてては、大学が集合住宅を用意してくれることになった。私は監督兼寮長、正式には副寮監としてここに住み込み、学生たちと寝起きをともにして、私生活の指導にもあたるわけだ。

これで必要としているものはだいたい揃えてもらったと思っていたら、当時の常務理事、金山仁志郎さんにこんな言葉をかけていただいた。

「奥さんにも、寮母として寮に入ってもらうよ。これも一つの条件だからね」

私はそのときまで東京に単身赴任するつもりだった。だが、まだ36歳と若いから、女房と一緒でなければ何をしでかすかわからない、とでも思われたのかもしれない。まあ、雇う側としては単身赴任よりも安心できるだろう。

とはいえ、私としては正直なところ、この申し出は願ったり叶ったりだった。

大学陸上部の監督になること、今時の学生たちを指導することはもちろん、東京で生活することさえ、私にとっては36年間の人生で初めての経験である。中電時代、よく愚痴をこぼし、そのたびに私を元気づけ、叱咤《しった》してくれた女房にそばで支えてもらえるのなら、これほど心強いことはない。

こうして、「中電・原晋」から「青学・原晋」への転身が決まった。

いよいよ中電を退職するときを迎えて、私は沖純次さんの元へ挨拶に出向いた。

沖さんはかつて、名古屋の中京大学にまで足を運んで私をスカウトし、陸上部の第一期として招いてくれた。私が監督の坂口さんと衝突し、5年後に引退せざるを得なくなったとき、沖さんからはこんな言葉をかけられ、奮起を促された。

「陸上では花開かなかったが、おまえの生き方はずっと見られている。がんばるんだぞ」

その沖さんは、私が退職するとき、監査役として会社に残っていた。だから、辞める前に一言、お別れを言っておきたかったのだ。

「せっかく入社させていただきながら、期待に応えることができなくて、たいへん申し訳ありませんでした。これからは、青学から中電の陸上部へ一人でも多くの優れた人材を送り込めるよう、精一杯努力します」

私としては、せめてもの罪滅ぼしのつもりだった。沖さんがどう思っていたかはわからない。この言葉が現実となって、青学OBの選手が中電に入社して活躍するようになるのは、もう少し先のことである。

中電を辞める間際、笑い話が一つある。本店に勤めていた同期の仲間たちが広島市のホテルで盛大な送別会を開いてくれた。その際、もう監督になっているのだからいいだろうと、ホテルのロビーや会場の前に「原監督送別会会場」という看板を掲げたのだ。

これが、プロ野球の読売巨人軍の原監督と勘違いされてしまい、ホテルへ問い合わせてくる一般のファンが相次いだという。くしくも、原監督がこの03年、電撃的に巨人監督を辞任していた、ということはあとで知った。

パチンコ台を寮に持ち込んだ男

青学が新たに購入した寮は、小田急線町田駅から徒歩15分ほどのところにある3階建ての集合住宅だ。選手たちが寝起きする部屋に加え、地下に風呂や食堂兼ミーティングルームとなる広間が完備されている。

ここに住み込む私と妻の〝新居〟は、玄関ホールの隣である。6畳二間にキッチン、バス、トイレと、広島で買った戸建ての家の半分もない。この〝小さな城〟から私の陸上人生のリターンマッチ、私たち夫婦にとっての第二の人生が始まる。狭いながらも希望に満ちた我が家、と思うことにした。

監督就任1年目の04年、この町田寮に集められた部員は25〜26人だった。うち強化部の一期生は8人。あとは前年までに入った選手が17〜18人という構成である。

寮生活では陸上選手として規律正しい生活をすること、常に自分自身で体調管理をすることが求められる。それと同時に、選手たちには団体生活を通じて、チームの一員であるという意識、チームに貢献することの重要性を学んでもらわなければならない。

新体制のスタートと町田寮の発足を前に、私は改めて選手たち全員に呼びかけた。

「われわれ青学陸上部の目標は、箱根駅伝に出場し、勝つことだ。この寮も、そのために大学が用意してくれたんだ。明日から箱根に向けて練習が始まる。がんばってくれ」

これからは、毎朝6時、玄関ロビーに集まって練習を始める。私はこう念を押した。

「集合時間は6時だぞ。遅刻するなよ！」

しかし、これが出足からつまずいた。初日からチラホラ遅刻する選手が続出した。雨が降ると練習も休みだと思い込み、部屋で寝坊し、玄関に出てこない者もいたほどだ。

陸上部の通常の朝練は、集合したらジョギングで練習場へ向かう。グラウンドへ着けば集団走、つまり全員そろってランニングだ。日によってはフリーに走らせ、距離もピッチも自分のペースに任せることもある。

ところが、1年目のこの連中は、練習場へトボトボと歩いていくのだ。当時使っていた町田市民球場の外周走路まで、寮から僅か800mの距離すら走ろうとしない。中には、コンビニに寄り道する者すらいる。

「ちゃんとまっすぐ球場まで走れよ！」

そう言って叱りつけても、彼らはキョトンとしているだけだ。ダラダラ歩きながらコンビニに寄って何が悪いの。なんで怒られないといけないの。そういう顔をしている。

だいたい、身だしなみからしてなっていないのが多かった。茶髪にピアスは当たり前。ジャージの着こなしもダラッとしていて、まるで陸上の選手らしくない。広島弁で言ったら、シャンとしとらん。

しかし、こういう今時の学生を頭ごなしに叱りつけたり、たたき起こして集合させたりしても効果はあるまい、と私は考えた。多くの選手がアパートで勝手気ままに一人暮らしをしてきたのだから、いきなり規律正しい集団生活をしろと言っても無理だろう、と。

春先の朝6時はまだ肌寒い。それだけでも彼らは早起きがおっくうになるようだ。そこで私はしばらくの間、朝練をフリーにして、彼らの自主性に任せることにした。

そのうち、選手たちにもこのままではいけないという危機感が芽生え、身体がムズムズしてきて、自然発生的に集団走などが始まるのではないか。そう期待したが、甘かった。ほったらかしにした選手たちは、相変わらず覇気がなく、みずから練習しようとしない。

それならばと、集合時間を朝6時から7時にしてみた。授業が夕方で、夜遅くまで勉強しなければならない日もある。翌朝、1時間余分に寝られるようにしてやれば、頭がスッキリして、意欲的に朝練に取り組めるようになるのではないか、と思ったのだ。

しかし、これまた逆効果だった。朝が遅くなったぶん、これ幸いと夜更かしをする者が出てきたのである。そんな連中は消灯と門限は夜10時と決めてあっても、端から守ろうとしない。口を酸っぱくして繰り返す私の注意にも、てんで聞く耳を持っていない。

私は、ほとほと困り果てた。

ある夜、寮の管理人室で耳を澄ましていると、チンジャラチンジャラ、ピコピコピコ、と微かにパチンコの音が聞こえてくる。

何だろう？　テレビ番組かな？　あるいはパソコンにパチンコのソフトをインストールしているやつでもいるのか。

訝《いぶか》しんだ私は、音のするほうへと足を伸ばした。チンジャラチンジャラ、ピコピコピコピコピコ。パチンコの音は次第に大きくなってくる。あっ、この部屋だ。コツコツとノックをして、私はドアを開けた。

「おい、何やってるんだ？」

ある選手が、部屋に持ち込んだパチンコ台の前で背を丸めたまま、バツの悪そうな顔でこちらを振り返った。寮則でパチンコ屋への出入りを禁止したから、パチンコ台を買って部屋に持ち込んでいたのである。

そんなやつがいたぐらいだから、選手同士で一つの部屋に集まり、麻雀やトランプに興じていたというケースも珍しくない。コンビニでスナック菓子や炭酸飲料、果ては缶ビールや缶チューハイを買ってきて、酒盛りをしながら夜更けまで延々とだべっていた選手たちもいる。あげく、外で飲んでいた学生が救急車を呼んで大騒ぎになったこともある。

「何やってんだ、おまえら！」

「○○がぶっ倒れて救急車で運ばれました！　急性アルコール中毒です！　やばいっすよ！」

消灯時間の夜10時を回ったころ、こっそりと毎晩のように寮から抜け出している選手もいた。無断外出である。

自分の部屋で夜更かしをしていたら私に見つかるからと、彼女や友だちの家に泊まりに行っているらしい。それだけならあまり罪はないが、万が一何か間違いでも起こされたら大変だ。事は本人だけでなく、陸上部や大学の問題にまで発展しかねない。

そんな事態に備えて、私は時折、夜になると車で寮の周辺を巡回していた。そうしたら案の定、選手が一人ウロウロしている。

あいつ、いったい、どこへしけ込むつもりだろう。と思ったら、寮の近所のコンビニに入って、漫画本の立ち読みを始めるではないか。それがよっぽどおもしろいのか、いつまでもやめようとせず、夢中になって読み耽《ふけ》っている。ふだんの練習やミーティングよりも、よっぽど熱心な顔つきで。

こういう学生を見つけたら、すぐに首根っ子をつかまえて引きずり戻す、というようなことはやらなかった。とりあえず、その場では咎《とが》め立てせず、声をかけたりもせず、見て見ぬふりをした。

そして、翌朝、寝ぼけ眼で大あくびをしている選手に、ボソリと言ってやるのだ。

「おお、きのうは楽しそうだったなあ。コンビニで、何かおもしろい本はあったか？」

今時の学生には、こういうやり方のほうがよっぽど効く。やばい。監督、気づいてたのか。もう、そうそう寮から抜け出せないな。よほど性根の悪い子でない限り、そう思い直して、当分はまじめに練習するようになるものだ。

最初の1年間は、毎日がそんなことの繰り返しだった。学生がルールを破ったからと言って、私がぶち切れたり、苛立ちを露にしたりするようなことだけはするまい、と自分に言い聞かせる日々だった。もし、そんな態度に出たら、今時の学生たちはみんなドン引きして、寮に集められたチームが空中分解してしまいかねない、と思ったからだ。

吉屋社長の教えを実践

当時の学生たちの名誉のために言っておくと、けっして彼らがろくでなしだったわけではない。実際、心根まで腐っているような子は一人もいなかった。

確かに、部屋にパチンコ台を持ち込んだのも、麻雀やトランプをやっていた連中も、酒盛りのあげく救急車で病院へかつぎ込まれたやつもいた。確かにどうしようもないところはあったけれど、私やチームメートに対してひどい裏切り方をしたり、警察沙汰を起こしたりするようなことはなかった。

そもそも、彼らは寮に入れられる前、練習が終わればパチンコや麻雀、夜になれば飲み会に明け暮れていた。そういう生活が当たり前だったのだ。それは中京大時代の私も同じだった。寮に入ったんだから寮則に従え、酒は飲むな、麻雀もパチンコもするなと言われても、すぐそのとおりにできるわけがない。

遊び呆《ほう》けている選手の中にも、それなりの素質を持っている者はいた。われわれが選手をスカウトする場合、５０００ｍを14分40秒以内で走れるかどうかがいちおうの基準となる。当時の青学には17分台や18分台の選手がいる一方、14分台をクリアしている者も一学年に３～４人はいたと記憶している。

要するに、私が監督に就任し、強化部の一期生が入ってきた1年目は、箱根を目指せるレベルの選手、そのレベルに届かない選手が混在していたのだ。体育会の陸上部と同好会の中間のような組織だったのである。

あのころの青学の選手は、あえて言えば、中京大や中電における私、原晋だった。しっかり練習をやるべきなのに、どうしても身が入らない。サボってはいけないとわかっていても、ついサボってしまう。それは、覚悟がないからだ。これだけはやり遂げるんだという明確な目標を持たずに、ただ漫然と日々を過ごしてきたのだ。

そこへいきなり、私のような監督がやってきて、「箱根に出るんだ！」と言い出したのである。ついていこうと思う以前に、シラケたり、反発を覚えたりするのも無理はない。

中電時代の私は、あとから監督に就任した坂口さんに、ふだんの態度がなってない、向上心も覚悟もないと、さんざんこき下ろされて頭にきた。あげく、ケンカ別れのような形で陸上部を引退している。

私はいま、青学の監督として、あのときの坂口さんと似たような立場に置かれていた。

いまの私なら、あのときの坂口さんの心中がよくわかる。だが、ここで私がブチ切れて、かつての中電の私のように、青学の選手たちを追い出すわけにはいかない。

監督就任1年目の04年、箱根駅伝の予選会に出場したわが青学は16位に終わった。

2年目は、何かを変えなければならない。では、何をどう変えればいいのか。

2年目の05年、もう一度、自分たちの目的を選手たちに明確に示そう、と私は考えた。そして、その目的の実現のためには何が必要か、改めてはっきり表そう、と。

われわれ青学陸上部は何を目指しているのか。最大の目的は何か。それは箱根駅伝出場である。では、そのために寮でどのような生活を送るべきなのか。

私は寮則や寮生活における決まり事を明文化し、A4のコピー用紙にプリントして選手たちに配った。このときしたためた主な内容は、次のようなものである。

・本寮は、青山学院大学陸上競技部・長距離ブロック選手の競技力、チーム力、人間力の向上のために設置されたものである。

・寮生は陸上競技を中心に生活し、競技生活と学業の両立に努める。

・起床は毎朝5時半。6時に全員玄関ロビーに集合し、寮から800mほどの町田市民球場へ朝練に行く。

・門限および消灯は夜10時。無断外泊は禁止。部屋での飲酒、麻雀は厳禁。陸上部員はパチンコ屋などにも出入りしてはならない。
・寮、近隣におけるルールやマナー、監督の指示を守れない者は退部、退寮とする。

そして、寮生活の心得3ヵ条を作り、玄関ロビーの壁に貼りだした。


「一、感動を人からもらうのではなく、感動を与えることのできる人間になろう」

「一、きょうのことはきょうやろう。明日はまた明日やるべきことがある」

「一、人間の能力に大きな差はない。あるとすれば、それは熱意の差だ」


これもまた、ハウスプラス中国住宅保証の吉屋流である。こういうことを私が選手に口で言って聞かせることも大事だが、寮生活の中で毎日のように目で文字を認識させることが、学生たちの意識を変えるはずだ、モチベーションも高まるはずだ、と信じた。

その半面、いかに口うるさく指導しても、必要以上に束縛はしなかった。

たとえば、先に書いたような無断外出の問題である。勝手に寮を抜け出す選手がいるからといって、消灯の前に点呼を取るようなことだけはやりたくなかった。そんな軍隊もどきの選手管理は、かえって若い子たちのやる気を萎えさせるだけだ。

だから、外出するとき、戻ったときは玄関の壁にかかった自分の名札を必ず裏返すように、と口を酸っぱくして言い聞かせた。練習か私用かを問わず、外出するときは赤を表、在寮のときは白を表にしておく。こんなごくごく小さなことからでも、自分の生活と体調を自分で管理することを徹底させたかった。

そうやって自分が納得したうえで消灯時間に就寝すれば、より深い睡眠が取れる。睡眠が深ければ疲労回復に役立つ。それでパフォーマンスが上がると気がついた選手は、名札の裏返しも消灯時間も、みずから望んで守るようになってゆくものだ。

また、朝と夜の食事は、必ず食堂に全員が集まって摂るよう徹底を図った。寮では契約した給食会社から、栄養のバランスを考えた素材や料理が提供されている。ここでしっかり栄養を摂らせれば、部屋でこっそりとスナック菓子を食べる選手も減るだろう。選手同士が会話しながら食事をすることで、団結心を育むのにも役立つ。

「目標管理シート」

そして、選手の個人個人に対し、自分自身の目的は何かを明確にさせようと考えた。この2年目の05年から、大学の定期試験のあとで選手と個別の面談を始めた。

きみは何をするために、何を目的として、この青学陸上部に入ってきたのか。その目的を達成するには何が必要だと考えているか、私はこうしたほうがいいように思うが、きみ本人としてはどうしたいのか。マンツーマンの対話を通じて、個々の選手に具体的な目的を持たせようとしたわけだ。

このとき活用したのもまた、A4のコピー用紙である。選手たち個人個人に「目標管理シート」と題した紙を配り、この1年間の個人的目標を書かせるのだ。

目標は、たとえば5000mで14分台を出すこと、インカレで何位以内に入ることなど、いろいろある。では、その年間目標を達成するには、その前の半年間でどのような目標を達成しなければならないか。3ヵ月ではどうか、この1ヵ月ではどうか、さらに1週間ではどういう目標が設定できるか。

この指導法に手応えを感じた私は、さらに「月間目標管理シート」を作った。チームを6人ほどのグループに分け、選手個人が月間目標を書いたこの紙を互いに交換し合う。試合や記録会のたびにこのグループでミーティングを行わせ、所期の目標が達成できているか、あるいは目標に近いところに来ているのか、そうでなければ原因は何なのか、選手同士で個々の状態と進捗状況をチェックさせるようにしたのである。

そういう目標が一つ一つクリアできると、選手の中に達成感が生まれる。その達成感は向上心となって新たな目標を生み、その目標を乗り越えることで、さらに一段階上のレベルへ上がる。小さな成功体験の積み重ねがより大きな成功体験へとつながって、次第に選手を成長させていく。

この「月間目標管理シート」と選手同士のミーティングが習慣づけば、選手たちは私がいちいち言わなくても自分たちで話し合いを持つようになる。つまり、選手たちの自主性を育むことにつながるのだ。

これもまた、中電で身につけた営業のノウハウを応用したものである。

夏季操業調整契約にしろエコアイスにしろ住宅性能表示制度にしろ、営業をする際にはまず月間で目標とするべき契約本数を設定した。次に、その数字を達成するために必要なものは何か、どこへ何回営業をかけ、エンドユーザー向けのセミナーを何回開催するか、会議を開くたびに紙に書いて説明している。

そういう営業マンとして培った方法論を、陸上の指導に応用したのが、この「月間目標管理シート」だった。

振り返れば、中電における坂口さんと私の対立も、根っ子は目標設定における〝ボタンのかけ違い〟にあった。

私はもともと「中国駅伝に出られればいいから」と言われて中電に入った。それが私の目標でもあった。だが、坂口さんは常に世界を見据えていた。その過程として中国駅伝で優勝し、全国実業団駅伝に出場して、さらにそこでも優勝するという目標を持っていたのだ。そしてオリンピックで戦える選手を育てようと考えていた。この違いが確執を生み、亀裂を深め、訣別《けつべつ》に至った最大の原因だった。

選手に「目標管理シート」を作らせ、その目標を選手同士でチェックし合うようにさせれば、そうした〝ボタンのかけ違い〟もなくなる。中電時代の失敗が、こういうところで生きたというわけだ。

よりよい土壌が、よりよい組織を作る、という言葉がある。青学陸上部の場合、「よりよい土壌」を作るとは、寮の環境を整え、寮則を徹底させ、選手たちに十分な栄養と睡眠を取らせるようにすることだった。

こうして「土壌」ができたら、次は「よりよい組織」作りである。そのために、一人一人の選手と面談し、「目標管理シート」を作らせ、私がいちいち指示しなくても選手だけで積極的な話し合いを持つようにしていった。そんな努力を積み重ねて、徐々に「よりよい組織」作りを進めたのである。

スカウト失敗、廃部の危機

青学で役に立った中電時代の財産で、これを抜きには語れないものがもう一つある。坂口さんが教科書として採用していた『リディアードのランニング・バイブル』だ。

著者のアーサー・リディアードは、1950年代に活躍したニュージーランドの元マラソンの名選手である。現役引退後はコーチとなり、60年代以降、あまたの中長距離の名ランナーやオリンピックのメダリストを育てた。陸上界では20世紀最高の名伯楽と言っていいだろう。日本では瀬古利彦さんが大きな影響を受けたことで知られ、その弟子筋にあたる坂口さんがこれを中電に持ち込んだのだ。

リディアードの理論とトレーニング法は、いまでも十分に通用すると思う。私の陸上理論の基本となるもので、凡百の最新理論など足下にも及ばない説得力がある。

また、そのリディアードの練習方法をいち早く取り入れた名ランナー瀬古利彦さん（現DeNAランニングクラブ総監督）の著書『瀬古利彦 マラソンの真髄』は、リディアード理論に基づいたトレーニングの実践、成果が詳述されている。私は元来、あまり本を読まない人間なのだが、この2冊の本だけは何度も繰り返し熟読した。読むたびに新たな発見があった。

この2冊には速く走るための効果的・効率的な練習方法がわかりやすく記されており、その目的が貫徹されている。理論の筋道がはっきりしている。そのことに私は大きな共感を覚えたのだ。これが現在の私の基本的な指導方針の確立につながった。速く走れないのはスピードがないのでなくスタミナがない。だからスピードを上げようとする前にスタミナを養わなければならない、という方針にである。

しかし、リディアードの本は優れたランニングの教科書であるにもかかわらず、日本では一般的にほとんど知られていない。陸上界でも、最近の若い選手には古臭く、特殊な論理と思われがちだ。実際、青学で私がこの本を選手に配っても、何度ページを繰ったのか、いつまでたってもきれいなままで〝積ん読〟されていたケースが多かった。

今の若者にはその練習にどのようなメリットがあるかを教えていかないといけないと私は思う。「この本は正しいから書いてあるとおりにやりなさい」というのでは、今時の選手たちはとうてい納得してくれない。

肝心なのは、リディアードのやり方を実践すれば、どういう結果が得られるのか、だ。早い話が、リディアード流のトレーニングをすれば得をするのか、得をするとしたらどういうところがどのくらい得になるのか。そういう現実的な効果を教えないと、選手はみずから覚えようとしない。身にもつかない。

ここで、私が営業マンとして培った話術とノウハウの出番となる。かつて夏季操業調整契約やエコアイスや住宅性能表示制度をセールスしたのと同じ手法で、リディアード式はいいぞ、パフォーマンスが上がるぞ。インカレで入賞できるぞ、箱根にも出られるようになるんだぞ。そういう営業トークによって、選手の頭の中、練習メニューの中に落とし込んでいくわけである。

つまり、「リディアード式トレーニング」という商品を選手にプレゼンし、売り込むようなものだ。これが原晋の「営業マン流指導術」のいちばんの要諦と言ってもいい。

2015年の箱根駅伝で優勝したとき、マスコミにもてはやされた「ワクワク大作戦」には、このような理論的裏づけがあったのだ。このことは大いに強調しておきたい。

しかし、最初の3年間は成果が上がらなかった。箱根駅伝の予選会の結果は、1年目の04年が16位で、2年目の05年は13位である。

3年目の06年度は私の契約が切れる年だったこともあり、人間性より記録優先で強化部の選手たちをスカウトした。このとき獲得した数人は、それまでの強化部の選手たちよりも1ランク上だった。持ちタイムで全国ランキングの上位に位置している即戦力である。この選手たちがいれば、箱根駅伝初出場の目的も達成できる。そう思ったのがとんだ間違いの元だったのだ。

彼らをスカウトするにあたっては、高校の指導者から〝警告〟を受けていた。

「原くん、あんなのを獲っちゃいけない。部がダメになるぞ。どうしても獲るって言うんなら、もう青学には選手は送らんからな」

そこまで言われると、私もかえって意地になった。私自身、世羅高校では「駄馬軍団の主将」と呼ばれ、中電では陸上選手失格の烙印まで押された男だ。周りにダメだダメだと言われる選手を使って、箱根に出てみせようじゃないか、と。

その中でもいちばんの問題児だと言われていた高校生本人に、私は熱く語りかけた。

「おまえの評判は聞いた。いろいろ言われているが、いままでのことは問わん。おれと一緒に、青学で箱根を目指す気はあるか？　おまえが本気でやるなら、東京へ連れていってやる」

「……がんばります」

そんな言葉を鵜呑みにして、町田へ連れてきたら、とんでもないことになった。

彼はしじゅう、キラキラしたピアスをつけ、茶髪にモヒカンで、寮の中やその周辺をのし歩いた。寮則も門限も守らず、まじめに練習すらしない。いつも険呑《けんのん》な目つきでうろつき回り、ほかの選手にも因縁をつけたりする。

しかも力だけはあるから、2年以上の先輩たちも注意ができない。腫れ物に触るように遠巻きに見ているだけだ。おかげで、チーム全体の練習にも支障を来すようになった。

私は何度となく彼を諭し、まっとうな方向へ導こうとした。また、4年生の主将が選手だけで自主的なミーティングを開き、どうすれば彼を練習に専念させられるか、対策を練ったりもした。たとえ札つきであっても、素質だけはずば抜けていたから。

しかし、結局はどうにもならなかった。

06年度に獲得した選手のなかで、ある者は入学早々6月に退部し、大学も辞めた。別の者は8月の選抜合宿の最中に逃げ出しながら、ちゃっかりと大学には居座っている。箱根の予選会まで何とか残ったものの、終わったところで退部、退学した者もいた。

結局、この3年目の予選会は16位だった。しかも、私がこれはと見込んだ選手たちが退部したのである。

「青学陸上部はどうなっているのか。監督の原さんは何をしてるんですか」

そんな抗議の声が、選手の父兄からも大学当局に寄せられた。

いまの彼らがどのような境遇にあり、どのような気持で社会の一員として過ごしているか、私には知る由もない。この陸上部ではダメだったのかもしれないが、どこかに彼らが必要とされ、活躍できる場所があるはずだ。私が中電を辞めるとき、沖さんに言われたように、君たちの生き方を誰かが見ている、そう伝えたい。

伝説の主将・檜山雄一郎

このころから、一部OBたちにも足を引っ張られるようになった。私に内緒で選手たちを食事に連れ出し、もうあんなやつについていくのはやめろ、と吹き込み始めたのだ。

「原はしょせん、ド素人だよ。箱根にも出てないし、中電もクビになったらしい。あいつの言うことなんか、まともに聞く必要はないぞ。適当に、ハイハイと答えておけ」

一部のOBが、そんなことを選手たちに耳打ちしていたらしい。もちろん私自身が直接聞いたわけではないが、OBにそう言われた選手は明らかに私に接する態度が変わった。何を言っても曖昧な返事ばかりするようになり、段々と距離を取り始めたのだ。

私について、どのOBが何を言っているのか、人伝てに知らされた私は、目も眩《くら》むような怒りに襲われた。くそ。何という卑怯な真似をしやがるのか。

中電を辞め、みずから退路を断ち、コツコツと選手たちの意識改革を進め、やっと血の入れ替えが成果を挙げようとしている。せっかくここまできて、身内のはずの一部OBに足をすくわれるとは思わなかった。

こういう陰口が横行するようになった一因は、選手側にもあったようだ。私が着任する前から陸上部にいた選手たちは、私のやり方に違和感を覚えていたらしいのである。

たとえば、私は選手たちに一体感を持つように説く一方で、1年目の夏から北海道の士別で選抜合宿を行っている。強化部一期生の8人をはじめ、能力の高い選手だけを指名して士別へ連れていった。

ところが、青学ではそれまで、合宿と言えば部員全員で行くものと決まっていた。速いのも遅いのも、レベルが高いのも低いのも、みんな一緒に練習して、夜は和気あいあいと食事をする。同好会も同然だった昔の陸上部では、それがふつうだったのだ。

私が合宿を選抜制にしたことにより、取り残された選手は不満を抱いた。いつもみんなを連れていってくれていた以前の指導者たちに対し、「原監督はこんなことをやってるんです」と、あたかも〝差別待遇〟を押しつけられているかのように愚痴っていた。

こうして不満分子が増え、以前の指導者を中心とする一部OBが彼らを取り込むようになった。そのOBたちがいま、私を引きずり下ろしにかかっている。

私は、自分が間違っているなどとはこれっぽっちも思っていなかった。

そもそも合宿は、選手をより高いレベルに引き上げるために行うものだ。だが、レベルの低い選手がいればいるほど、レベルの高い選手も低い選手に合わせて練習せざるを得ない。例えば、サッカーやバレーボールなど、球技の連係プレーやパスワークを思い浮かべてもらえばわかるだろう。一人でも下手な選手が混じっていたら、チームプレーの全体がガタガタに崩れてしまう。それと同じだ。

そうなると、どれだけ練習してもレベルの高い選手の能力は向上しない。あげくチーム全体のレベルまで下がって、何のための合宿か、ということになる。だが、弱かった時代の青学の選手や一部ＯＢには、そんな当たり前のことも理解できなかったらしい。

さらに、ほかの青学職員からの誹謗中傷《ひぼうちゅうしょう》、罵詈《ばり》雑言《ぞうごん》も私の耳に届くようになった。

「陸上部はもう廃部にするべきじゃないか。この3年間、これだけテコ入れしても結果を出せなかったんだから」

下手をしたら、それが現実になるかもしれない。そんな危機感さえ抱いた。

さまざまなストレスのおかげで、私はげっそり痩せた。中電時代は同じストレスで60kgから93kgに激太りしたが、このときは逆に食事もろくろく喉を通らず、78kgまで体重が落ちた。中電で33kg太って、青学で15kg痩せた計算である。

青学との契約を更新できるかどうか、私は06年秋、進退を賭けて、ふたたび大学執行部に対するプレゼンに臨んだ。

場所は青学の法人本部で、学長や理事長、総局長や局長、常務理事も含めると20人近い方々が出席する。いわば青学の最高意思決定機関において、現状と今後の展望についてのプレゼンを行わなければならない。

失敗は絶対に許されなかった。ここで青学に見限られたら、広島のマイホームのローンを抱えたまま、失業者になるしかない。

私は改めて、3年間で進めてきた改革の中身について説明した。箱根の予選会では16位、13位、16位に終わっているから、陸上部のレベルが上がっていると言ってもあまり説得力がない。それよりも強調したのは、「人間教育が成果を挙げつつある」ということだ。「いま、ほとんどの選手はきちっとした態度で寮生活を送っています。選手としてという以前に人として、学生として、どこに出しても恥ずかしくない人間に育っている」

そんな人間教育の一環として、私は2年目から始めた地域清掃を挙げた。輪番制で人数を決め、選手たちに定期的に寮の周辺を掃除させていたのだ。

私の話を聞いている理事会や執行部の人々が何人か、一瞬、キョトンとした表情を浮かべた。おそらく、そんなことが箱根駅伝に出場するのに何の役に立つのか、と思っていたのかもしれない。それよりも、陸上部の現状や見通しを語るのが先だろう、と。

しかし、私は続けた。

「陸上競技でいい結果を出すためには、まず人間として常に規則正しい生活を送らなければなりません。そういう習慣をつけさせるには、人間形成からしっかりやっていく必要がある。つまり、日ごろから地域清掃のような活動を行うことが、陸上競技の結果となって跳ね返ってくるわけです」

3年目の06年は素質優先、記録重視で強化部の選手を3人獲得し、3人とも退部させてしまう事態となった。二度と同じ失敗をしてはならない。やはり、基本は人間性だ。どれだけ足が速くても、人間として心根が腐っていたらどうにもならない。

「ただひたすら、遮二無二勝利を目指すだけではなく、人間的にしっかりした子を獲り、きちんと人間形成を行っていく。それが結局は、勝利への本当の近道なのです」

人間形成が第一であるということは、中電での陸上部時代、青学3年目での失敗から私が学んだ信念だった。それを、私は学長や理事長以下、最高意思決定機関のみなさんに、延々と繰り返した。結果が出ていないからと言って、苦し紛れに奇を衒《てら》ったアイデアなど並べ立てても意味がない。

人間、窮したら基本に立ち返ること。何度も人生の危機を経験して、私がつかんだ真理である。これしかない。

「私の教育方針に間違いはありません。もう何年か、あるいは1年でも監督を続けさせてもらえれば結果を出してみせる。時間をいただけたら、青学陸上部は必ず花開きます」

しかし、出席していたみなさんのキョトンとした顔つきは、最後まで変わっていない。プレゼンが終わった直後は、来年も監督を続けられるかどうか、私にはわからなかった。

「もう1年、監督をやってください」

大学当局から連絡があったのは、3年目が終わりに近づいた07年の2月か3月ごろだったと思う。正直なところ、「お願いします」と言われたというより、「一所懸命やっているのはわかったから、もう1年チャンスを与えよう」というニュアンスだった。

事実、このとき示された契約書には、4年目も同じような結果だったら、翌年からは契約を更新しないこともあり得る、という意味の一項が入っている。これに関しては、今期と同じように話し合いをする場は設けてもらいたい、と要望した。幸い、大学側も了解してくれたので、私はハンを押した。

ただし、また予選会16位という大惨敗に終わっては、話し合いをする余地などない。無条件でクビだろう。私は、ひそかに陸上部長にこう伝えていた。

「もし4年目もダメだったら、自分のほうから青学を辞めます」

条件は変わらず、給料は前年までと同額、身分も嘱託職員のままだ。こうして私は、いよいよ背水の陣で4年目に臨むことになった。

その前に、ずっと陰口をたたいていたOBたちを黙らせる必要があった。当時、彼らが一部の選手に私の悪口を吹き込み、私の足を引っ張っていることは、もはや公然の秘密になっていた。おかげで3年目の契約が切れる前から、私は大学の事務方にこんな〝陳情〟をしなければならなかったほどである。

「OBが吹聴しているいろんな陰口を止めてください。やりにくくて仕方がない」

「よし、わかった。おれが、あいつらにビシッと言ってやろう」

そう請け合ってくれたのは、当時の中西英一OB会長である。この人は、私を引きずり下ろそうと嫌がらせをしていた首謀者を自分の職場に呼びつけ、こう一喝したそうだ。

「おまえらは何をやってるんだ。もう来期は原でいくって決めたんだから、われわれOB会が彼を支えてやらなきゃいかん。それを、足を引っ張るようなことをしてどうする」

私の言うことを聞くべきか、それとも前の指導者だったOBたちにつこうか、悩み続けていた選手たちも、これで腹をくくらざるを得なくなった。07年はまた心機一転、私の下で箱根を目指そう、と。

その中心的な役割を担ってくれたのが、4年の主将・檜山雄一郎である。

退部者が続出した06年、最も悩み、心を痛めていたのが、当時3年の檜山だった。これについては、私の指導が至らなかったことにも一因がある。

この06年は、陸上部の部員の構成が非常に歪《いびつ》だった。部を統制するべき4年が二人しかいなかったのだ。これも先に書いたパチンコ台を部屋に持ち込んでいた選手など、何人かが前年までにまとめて退部したからである。

そこで私は、2年以上の選手を寮の2階に回し、8人の1年を1階にまとめた。能力は1年のほうが優秀で、2年、3年は1年よりもレベルが低く、生ぬるいところがある。だから、1年が変な影響を受けないよう、2年、3年とは別のフロアに入れたほうがいい。自分と寮母の妻が生活している1階に1年を集めよう、と考えたわけだ。

これがとんだ失敗だった。1年が自分たちだけ特別扱いされていると勘違いしたうえに、先輩たちの指導が行き届かない。おかげで収拾がつかなくなり、陸上部は空中分解寸前の危機に陥ってしまったのだ。

それから1年がたち、4年に進級し、主将となった檜山はこう提案した。

「寮を一人部屋から二人部屋にしましょう。先輩と後輩の相部屋制にしたほうが、チームとしての一体感が生まれますから」

さらに、風呂やトイレや玄関ロビーなど、寮の共有スペースをみんなで掃除しよう、と言い出した。しかも、檜山みずからみんなの先頭に立ってやるものだから、同期や後輩たちもサボるわけにいかない。

就任4年目にして、選手たちの間に本当の意味での自主性が芽生えつつあった。箱根に出よう、そのために一流選手になろう、一流選手になるためにも自分の人間力を磨こう。そういう意欲が満ち溢れていた。

私は檜山と日夜話し合い、寮則をより充実させ、さらに細かなルールを加えていった。

・朝5時30分までに各自アップ（体操・ストレッチなど）を完了して市民球場（寮から800m）に集合し、練習を行う。
・朝食は7時10分から全員で食べる。
・夕食は19時40分から全員で食べる。
・入浴は21時45分まで。
・門限の22時までには必ず帰寮する。1分も遅れてはならない。

こうして、寮に、陸上部に、いままでにはなかった一体感が育まれてゆく。そのいちばんの功労者が檜山だった。

檜山は強化部の第一期生だった。鎌倉学園出身で、大学教授の父を持つ育ちのいいお坊ちゃんである。高校時代は5000m14分50秒台と平凡で、インターハイにも出ていない。正直なところ、私も1、2年のころまではたいして期待していなかった。

しかし、常に明るく、前向きで、一見おとなしそうな見た目からは想像もつかないほどの親分肌なのだ。そして、誰よりも陸上部のことを考えている人間でもあった。

彼は、陸上部長の内山義英先生が所属する国際政治経済学部の学生だった。その試験で

「貿易における比較優位と絶対優位の違いについて説明せよ」という問題に、このような答案を書いたという。

〈ナンバーワンか、オンリーワンか。選手として一流を目指すか、どん底の陸上部を立て直すためにサポートに回るのか〉

以下、陸上部に対する檜山の思い、熱意、悩みが連綿と綴《つづ》られていたのだ。「教員生活で初めて採点できない答案を見た」と内山先生は振り返っている。

檜山は自分で答案に書いたように、選手としてだけでなく主将やマネージャーとして、選手みんなを引っ張った。当時、そんな檜山と最も仲のいい選手が彼女に会うため、無断外泊を繰り返していたことが発覚するという事件が起きた。このとき、涙ながらに親友を叱責していた檜山の姿は、いまも忘れることができない。まさに青春ドラマだった。

そういう人間だからこそ、私はこの07年、檜山を箱根駅伝の予選会に出してやりたかった。だが、予選会の僅か1週間前になって、足の中指を疲労骨折してしまったのだ。

檜山のコンディションがよかっただけに、私はギリギリまで彼の回復を待った。通常の治療に加え、超音波治療など、いろいろと手を尽くしたが、結局は間に合わなかった。

予選会に出場した選手たちは、檜山のぶんもがんばろう、と燃えていた。檜山も声を嗄らして応援に努めた。その結果、10時間16分12秒で9位に入る。現行の制度であれば、文句なしに箱根駅伝出場が認められる結果だ。

ところが、当時は予選会の7位以下の大学について、タイムからインカレのポイントを減算するポイント制を適用していた。予選会のタイムから、その大学が保持する関東インカレのポイントを1ポイント10秒として引き算するのである。

そのせいで、わが青学は10時間14分37秒で10位に転落する。一方、10時間16分38秒で10位だった法政大学が10時間13分18秒で9位に繰り上がり、順位が逆転。一度はこの手につかみかけた箱根への出場権を、法大にさらわれてしまったのだった。

悔しかった。ここまで苦労を重ねてきて、私自身、背水の陣で臨んだこの年、ようやく公約どおり箱根に出場できると思ったら、制度の壁に阻まれた。ちなみに、このポイント制は13年を最後に廃止されている。

箱根デビュー

予選会で次点となった大学の監督は、箱根駅伝で関東学連選抜チーム（2015年の第91回大会から関東学生連合チームに改称）の監督を任される。そのため、08年の第84回大会で、私はこの選抜チームを率い、青学の選手より一足早く箱根路の晴れ舞台に立つことになった。

オープン参加とはいえ、関東学連チームがもしシード圏内（10位以内）に入ったら、翌年のシード校は1校減って9校になる。つまり予選会から出場できる枠が1校増えるため、出場ラインぎりぎりの大学に所属する選手にとっては、学連選抜の成績は他人事ではなかったはずだ。それでも選抜チームはそれまで、第79回大会での16位相当が最高だった。各校から選りすぐりの選手が集まっているのに、全員で勝とうという目的意識がなかったからだ。これはいかにももったいない。

そこで私は、選手たちが一堂に会した最初のミーティングで、こう問いかけた。

「きみたちは、この選抜チームの位置づけをどう考えているのかな？　ただお祭りとして参加すればいいのか、それとも優勝したいのか、あるいは3位を狙うか、5位までに入りたいのか。それがはっきりしないと、おれも監督としてどうしたらいいかわからないよ」

だから、まず、どうしたいかを選手みんなで話し合ってくれ、と伝えた。

これにはみんなも面喰らったらしい。最初の話し合いでは、「総合3位」と「シード権獲得」の2派に分かれた。そこで選手全員に連絡先を交換させ、さらに時間をかけて意見をぶつけ合ったところ、次第に「総合3位」を目指そうという目標でまとまった。

そこでもう一つ、どうせなら、関東学連選抜チームというお仕着せの名称ではなく、自分たちだけのオリジナルのチーム名を考えてはどうかと提案した。学生たちは3つ4つのグループに分かれてアイデアを出し合い、最後は投票で決めることになった。

その結果、選ばれた名前がこれである。

〈J・K・H　SMART〉

Jは日本（JAPAN）、Kは関東学連、Hは箱根。そこに上武大学のJ、國學院大學のK、平成国際大学のH、選抜された11校すべてのイニシャルを重ね合わせた。箱根路をスマートに格好良く走り切ろう。そんな意味を込めたネーミングだ。なかなか洒落ているではないか。

選手の自主性を引き出し、彼らに話し合いをさせて、キャッチコピーをつける。中電の営業マン時代から青学に持ち込んだ手法を、選抜チームにもあてはめたわけである。ミーティングを重ねるうち、選抜チームは一つにまとまり始めた。これは、関東学連から派遣された佐藤くんというマネージャーの手腕に負うところが大きい。彼が選手たちの潤滑油となり、円滑なコミュニケーションを図れるように手配してくれたのだ。

私としても、マネージャーの存在の重要性を再認識させられた。この経験は、青学でも大いに生かされることになる。

佐藤くんが選手たちを鼓舞した効果もあってか、この年の学連選抜は通常2回の合宿を3回も行っている。それも学生たちから自発的にやりたいという希望が出てきたからだ。

結果、〈J・K・H SMART〉は08年の箱根で4位に入っている。この記録は現在も破られておらず、学連最高順位である。たとえ寄せ集め集団でも、選手たちのやる気さえ引き出せれば大きな成果を挙げられるのだ。これは、私自身にとっても大きな成功体験となった。

08年、私は嘱託ではなく、正式な大学職員として契約を結び直した。そして、この年の10月18日、就任して5度目の箱根の予選会を迎える。最初のプレゼンで「就任後3～5年で箱根に出場する」と言っているから、公約を果たす最後のチャンスだった。

09年は第85回記念大会で、出場枠が13校と例年より3校多い。昨年の屈辱を晴らそうとする選手たちのモチベーションは高く、主将・先崎祐也、エース・米澤類を中心に力のある選手も揃っていた。これなら何とかなるのでは。そういう手応えを得て予選会に臨んだのだが、ゴールした直後のタイムはきわめて微妙だった。マネージャーが集計したタイムによれば、予選会突破に15秒足りないという。

やっぱりダメか。

ガックリ肩を落としていると、箱根駅伝の中継権を持つ日本テレビのカメラが近寄ってきた。さらに、ほかのテレビ局、新聞の記者やカメラマンに取り囲まれる。

何なんだ、これは？

「原さん、大丈夫ですよ、大丈夫」

顔見知りの記者が耳打ちしてくれた。

「えっ、どういうこと？」

まさかと思った次の瞬間、主催者のアナウンスが聞こえてきた。

「第13位、青山学院大学です！」

そのとたん、大歓声があがった。誰もが歓喜の雄叫びをあげている。私も何か叫んでいたはずだが、自分ではまったく覚えていない。

やった！　ついにやった！　今度こそ箱根に出られるんだ！　悲願を達成して、最高の喜びに浸っている最中、駆け寄ってきた選手たちが胴上げしてくれた。

この予選会、青学のレースタイムは10時間21分48秒、ポイント制によるアドバンテージタイムを差し引いた総合タイムが10時間20分33秒の13位だった。何の因縁か、次点は前年に苦杯を舐めさせられた法大である。差は僅か6秒。文字どおり最後の最後、ギリギリで箱根駅伝の本番に滑り込んだのだった。

青学、１９７６年の悪夢のゴール前の棄権以来、33年ぶりの箱根出場決定。これは社会的にも注目されるニュースとなった。陸上部だけではなく、大学を挙げてのお祭り騒ぎである。寮では連日連夜、祝福の花や贈り物、電話や手紙、「おめでとうございます！」と言いに来る人たちが引きも切らない。

そうした中、中電の東広島営業所の仲間が必勝祈願の大きなしゃもじを送ってくれた。広島東洋カープ、甲子園の広島代表校の応援などでお馴染みの縁起物で、昔、私のヤケ酒につきあってくれた同僚や上司の名前が寄せ書きされている。これはうれしかった。

一人だけ、祝福の握手を求められて拒否した人間もいる。予選会16位と惨敗した2年前、私の陰口を選手たちに吹き込み、監督の座から引きずり下ろそうとしたＯＢだ。

立川のホテルで開かれた祝賀会で、元指導者一派が私を取り囲み、陰口をたたいていた首謀者と引き合わせた。彼が差し出してきた手をかわして、私はその場を離れた。大人げないと言われるかもしれないが、彼とはどうしても握手する気にはなれなかった。

正直なところ、09年は出られただけで満足だった。最初からシード権を獲りにいこうという気はさらさらなく、ここまで苦労をともにしてきた選手を一人でも多く箱根の晴れ舞台で走らせてやりたかった。

強化部の一期生は結局、主将となった檜山をはじめ、4年間で一度も箱根に出られなかった。大学と陸上部の悲願達成のため、身を粉にして働いてくれた彼らを、私は箱根まで連れていってやれなかった。

だから、09年はここまでがんばってきた強化部二期生の4年生たちに、陸上部が最もどん底にあった時期を知っている部員たちに、箱根路を走らせてやりたかった。この大会でいきなりシード権を狙っても、実現できる可能性はきわめて低い。それなら、彼らに一生の思い出を作ってやろうと考えたのだ。

33年ぶりの箱根出場を決めたあと、4年生は本番で勝てるような状態ではなかった。予選会を突破した10月以降、完全に舞い上がってしまって、毎週のように焼き肉だ、カラオケだと飲み会に繰り出している。

それでもいい、と私は思った。とにかく、予選会でがんばったやつを使うと決めていた。結果など、端から度外視していたのだ。

そして迎えた09年の第85回大会、私は故障している選手、本来なら走らせてはいけない状態にある選手もみんな、あえて本番に送り出した。これがおまえたちの人生で、箱根を走る最初で最後のチャンスなんだから、と。

私は、選手たちに言った。

「たとえ何位になってもかまわん。いまの力を精一杯出せ。そして、最後は笑顔で、胸を張って帰ってくるんだ！」

最も思い出深いのは、私と同じ広島出身、市立沼田高校出身の岡崎隼也だ。足を包帯とテーピングでぐるぐる巻きにした彼を、私は復路の6区、山下りのコースへ送った。

結果、タイムは1時間02分59秒で区間最下位の23位。チームもどん尻の23番目でタスキをつなぐことになった。

ここから一時、二つ順位を上げて21位につけたものの、結局はブービーの22位。それでも、私は満足だった。33年前と違い、今回は最後までタスキをつなげられたのだ。

アンカーは4年の宇野純也だった。中京大中京高校出身で、15年の箱根初優勝に貢献した〝3代目・山の神〟神野大地の先輩である。その宇野が大手町・読売新聞東京本社前のゴールへ駆け込んできたとき、私も選手も、チームのみんながそろって彼を出迎えた。

私との約束どおり、宇野は笑っていた。待っていたチームメートたちも全員、笑顔で宇野を迎えた。最終的な順位は22位でも、このときのわれわれのゴールは、人生における確かな勝利の瞬間として、みんなの胸にしっかりと焼きつけられたことだろう。

ここから、青学は上昇気流に乗った。上り調子にあるというムードが高校の陸上界にも広がり、大学自体も渋谷のオシャレでカッコイイ学校というイメージが強かったからか、次第に有望な選手が集まり始めたのだ。

2年連続で出場を果たした翌10年の第86回大会では一躍8位に入り、41年ぶりにシード権を獲得する。以降、15年に初優勝するまで6年連続シード権を獲っており、一躍箱根の常連校となったのだ。

その10年から13年までの4年間、チームの牽引車となったのが出岐雄大である。長崎県立長崎北陽台高校から入ってきた選手だ。

実は、出岐はけっして私が獲りたかった選手ではない。出岐自身、09年に青学に入ってきたときは、陸上一筋というわけでもなかった。もともとはサッカーをやっていて、大学では数学の教員免許を取得するため、日本大学や中央大学への進学も考えていたという。そういう選手だったからか、埼玉インターハイで初めて走りを見たときには、ガッカリさせられた。身体にバネがなく、フォームも上半身と下半身がバラバラ。一口で言えば、グシャグシャな選手だったのだ。

出岐が青学を希望してくれたこともあり、獲ることは獲ったのだが、1年のときはとうてい使い物になるとは思えなかった。彼の得意な3000m障害で関東インカレに出場させたところ、案の定、最下位に近い成績であえなく予選落ちである。

ところが、これで出岐も危機感を抱いたのか、その年の箱根予選会で使ったら意外な好走を見せ、チームも8位と私の就任後、最高の成績で通過する。そして、翌10年、本番の箱根で往路の1区を走らせると、区間9位の1時間03分48秒の好タイムを記録したのだ。

あっ、こいつ、火事場の馬鹿力を出す選手だな。本番になったら100%の力が120%にアップするタイプなんだ。

ようやく出岐の潜在能力に気づいた私は、11年の箱根で往路の2区に抜擢した。「花の2区」と呼ばれるエース区間を走らせれば、さらなる馬鹿力を発揮すると踏んだのだ。

しかもこの年、明治大学は同じ2区に売り出し中のエース・鎧坂哲哉をエントリーしていた。マスコミからも実業団のチームからも注目を集めている鎧坂にぶつければ、出岐にとってもまたとない発奮材料になるだろう。

そして、迎えた11年の本番、鎧坂が1時間07分36秒で区間3位だったのに対し、出岐は14秒差の区間4位。鎧坂に優るとも劣らない果敢な走りを見せたのだ。

3年生になった12年、また同じ2区を任せると1時間07分26秒を記録し、みごとに区間賞を獲得する。120%男の本領発揮だった。

出岐はこの年、アンカーを任せた出雲駅伝でも快走し、優勝に貢献してくれた。これは私にとって、学生三大駅伝（全日本大学、出雲、箱根）での初優勝でもあった。

そして、出岐は青学を卒業後、中国電力に入社する。実は、初めて2区を走らせた2年のとき、私みずから監督の坂口さんに推薦していたのだ。かつて私と確執があった、あの坂口さんである。

坂口さんは当時、明大の鎧坂のスカウトに熱心で、箱根に視察と応援に来ていた。その坂口さんに、「出岐を見ておいてください」と言っておいたのだ。出岐の走りは坂口さんのお眼鏡にかなったようで、「おお、なかなかよかったな」と言われたことはいまでもよく覚えている。原もいい指導者になったな、と思ってくれたかどうかまではわからないが。

最強への徹底

実績を築き、箱根の常連校となってから、陸上部の強化費も増えた。私が就任した04年に比べると、2倍近い額になっている。

12年には相模原キャンパスに全天候型の400mトラックが完成した。13年からは大学としてアディダスとパートナーシップ契約を締結し、15年からはそのアディダスに紹介された中野ジェームズ修一さんによる体幹のコア・トレーニングを導入している。

しかし、どれほど金をかけようと、立派な施設ができようと、最も大切なのは人間だ。生まれつきの素質に恵まれているだけの選手よりも、人間としてしっかりしている選手、自分の目標を設定し、それに向けてきちんと努力のできる選手を連れてくることだ。

もっと言うなら、そういう自分を周囲にもしっかりアピールできる選手、豊かな表現力を持った選手であれば、なおいい。そういう選手の存在は、周囲の選手を前向きな気持ちにさせる。ひいてはチームに一体感を与えることができる。

くだけた言い方をすれば、青学には青学にふさわしい選手に来てほしいのだ。それこそ少々「チャラい」ぐらいがちょうどいい、といまでは思っている。だいたい、いかにもまじめそうな選手がまじめくさって結果を出すより、チャラいぐらいの選手がしっかり走ったほうがカッコイイではないか。

私自身、最近では選手とくだけた話をすることが増えた。とくに彼女ができた、ケンカした、フラれたという話がいちばん盛り上がる。14年の箱根では、ある選手に向かって、運営管理車から「中継所に彼女が待ってるぞ！」と声を張り上げ、その選手が駆け込んだら本当に彼女が待っていて、なんで監督はそんなことまで知ってたんだ、とチームみんなで大笑いしたこともあった。そうした雰囲気を作れるのも、実は、青学に集まる選手たちが人間的に優れているからだ。芯のしっかりした選手を獲っているからこそ、あえて「チャラい」ムードを演出することができる。現に、いくらチャラくていいと言っても、茶髪やピアスをしているような選手は一人もいない。

自分を表現するのが上手な選手は、目標を設定するのもうまい。その好例が、15年の初優勝に大きく貢献し、山上りの5区で1時間16分15秒という新記録を樹立、〝3代目・山の神〟となった神野大地である。神野は12月の「月間目標管理シート」に、「5区を78分30秒で上れるように練習する」と書いていた。何も、最初から柏原竜二を抜く76分台前半を狙う、などと考えていたわけではない。もし最初からそんな大それた目標を目指していたら、意気込み過ぎて練習からオーバーペースになり、体調を崩すか、気持ちが挫けていただろう。つまり、身の丈に合った目標設定が、あの大記録を生んだとも言えるのだ。

もちろん、目標設定の下手な選手もいる。早く箱根に出られるようになりたいと焦っているのか、月間目標管理シートに「5000mの自己記録を30秒縮める」と書いて提出したりするのだ。そんなとき、私はこの選手を呼んでこう言ってやる。
「おいおい、これじゃあ、おれが1ヵ月で10kg減量すると言ってるようなもんだぞ」
ちなみに、現在、私の体重は81kg。15年の初優勝では、胴上げしてくれた選手たちに「重かった」と言われたので、少々痩せなければと思っていることも確かだが。
毎年強化部の選手たちを迎えるたび、われわれ陸上部はその年の目標を掲げる。これも以前は私が考えていたが、チームが強くなるにつれて、選手たちが自分たちで話し合い、新たなスローガンを作るようになった。

12年〈新しい青学への『挑戦』　総合優勝を目指して〉
13年〈『強い青学の実現』　総合優勝を目指して〉
14年〈『最強へ向けての徹底』　総合優勝を目指して〉

そして、ついにその総合優勝を果たした15年、選手たちはこういう目標を掲げた。

〈『その一瞬を楽しめ』　最強への徹底〉

16年の箱根連覇、さらなる常勝チームを目指して、私と選手たちの挑戦は続く。

あとがき

2015年、青山学院大学の陸上部監督として初めて、そして青学としても初めて箱根駅伝に総合優勝し、いまだ余韻に浸っていたある夜、私は妻・美穂と町田寮の部屋でいつものように食事をともにした。

食べたのは広島風お好み焼きである。私も妻も広島生まれの広島育ちで、小さな子供のころから食べ続けてきた広島の名物料理だ。いつも材料を買ってくるのは妻の担当、鉄板で焼くのは私の担当と、中国電力時代に結婚したときから決まっている。

妻の存在なくしては、絶対に箱根の勝利はあり得なかった。いや、それ以前に、私自身が監督としてやっていけなかっただろう。

私の人生は物心ついたときから中電陸上部まで陸上一筋で、きわめて限られた、狭い世界しか知らなかった。そんな人間が営業マンとして初めて一般社会に放り出されたとき、縁あって結婚したのが彼女である。

妻は、私と違って世間を知っていた。私が疎かった一般常識の持ち主だった。そういう彼女の存在が、中電の営業マンとして、のちに青学の陸上部監督として生きていくことになったとき、何よりの支えになったのだ。

そんな彼女と二人で、箱根の勝利を反芻《はんすう》しながらビールを飲み、つまんだお好み焼きは、どんな高級料理よりもおいしかった。自分で作っておいて、そんなに自慢たらしく言うのもいささか面映ゆいが。

この場を借りて、妻には改めて言っておきたい。本当にありがとう。


それでは、青学陸上部監督になってから、いちばん感激したのはいつだったか。どんな場面だったか。そう聞かれるたびに、私はいつもこう答えている。

「やはり、２００８年秋の予選会で33年ぶりの箱根駅伝出場が決まった瞬間です」

そう言うと、えっ、15年の初の総合優勝ではないのかと、誰もが意外に思うらしい。

もちろん、あの優勝もうれしかった。たいへん感激した。ただ、往路優勝ですでに5分近い大差が開き、復路では最終的に10分50秒にまで広がっていた。そのため、ゴールの瞬間は感激に浸るより、むしろ非常に落ち着いて迎えられた、というのが正直なところなのだ。

その点、08年の予選会突破は「まさか」と思った。レースそのものが最後の1校、13校目に選ばれるかどうかきわめて微妙なゴールとなった。しかも、マネージャーが手元で集計したタイムでは14位どまり。だから、13位で青山学院の名前がアナウンスされたときは、「まさか」としか思えなかった。

むろん、実際にはレースタイムとアドバンテージタイムが正確に集計された結果だから、けっして「まさか」ではない。

ただ、気持ちとしては「まさかのまさか」だった。それだけに感激もひとしおだった。中電を退職してみずから背水の陣を敷き、青学にやってきて5年間、寮母を引き受けてくれた妻と、二人三脚で悪戦苦闘を続けてきた日々が、あの瞬間に報われたのである。

本文中にも記したように、あの33年ぶりの箱根出場、その後の常連校時代を築いた礎となってくれたのが、強化部第一期生の主将・檜山雄一郎である。

檜山は青学を卒業したのち、かつての私と同じような仕事に就いている。大手製薬会社に入社し、営業の仕事を始めたのだ。同期の中のみならず、全社でトップの成績を挙げて、将来を嘱望される存在になっているらしい。親分肌で、何かにつけてリーダーシップを発揮していた檜山らしい人生と言えよう。

青学が箱根の常連校になった時代の主将・出岐雄大が、私の〝古巣〟中国電力に入ったこともすでに書いたとおりである。

彼は青学での最後の年、大きく調子を落としていた。火事場の馬鹿力でやってきたせいか、4年になってフォームを崩すと、とたんに自分の走りを見失ってしまったらしい。13年の第89回大会ではそれまでの功績を考慮して10区のアンカーを任せたものの、結果は区間14位の1時間13分19秒に終わっている。青学は総合8位だった。

しかし、出岐は同年4月、中電に入社してから、徐々に復活の兆しを見せる。翌14年のニューイヤー全日本実業団駅伝に最終7区で出場、6位でタスキを受け取り、一人抜いてチームの5位入賞に貢献した。さらに、15年の天皇盃全国都道府県対抗男子駅伝では長崎県代表としてやはり最終7区を任され、区間1位を記録している。このときは後輩・神野大地、ライバル・鎧坂哲哉らを向こうに回しての快走だった。

同年2月の東京マラソンは2時間11分14秒で13位、日本人男子4位と健闘した。故障明けで、まだ2度目のマラソンとしては上々の出来である。まだ25歳の若さだ。このまま終わるような男ではないだろう。


その出岐と、33年ぶりの箱根出場を決めたときのエースだった米澤類も中電に入社している。彼らのおかげで、中電の退社時に沖純次さんと交わした、「青学から中電に人材を送り込む」という約束も実現することができた。その沖さんとは、青学が33年ぶりに箱根出場を果たした直後、広島市内でバッタリ会っている。偶然だったこともあって、過去のことについて話したりはしなかったが、無性に懐かしかったことを覚えている。

かつて、私が陸上部を引退し、一般社員として働くにあたって、沖さんにこう言われた。

「陸上では花開かなかったが、陸上をやめてからもおまえの生き方はみんなにずっと見られている。しっかりやるんだぞ」

あの言葉があったからこそ、その後の営業マンとしての成功があった。そして、箱根での勝利につながったような気もするのだ。

監督の坂口さんとは良好な関係を築いている。この本では随分と恨みがましいことを書いていると思われるかもしれないが、いま振り返ると、ああいう対立や葛藤を経験したからこそ、私自身も坂口さんの功績や信念に対する理解や尊敬の念が深まったのだ。

坂口さんにも、これを機会に改めて伝えておきたい。今後ともよろしくお願いします。

ハウスプラス中国住宅保証は現在、大きな発展を遂げている。創業時は社長の吉屋文雄さん以下、私を含めてたった5人だったが、100人超の社員を抱える会社となった。ただし、吉屋さんはすでに退職している。中電という超優良企業が飽き足らなくなったのか、新たなビジネスチャンスをつかんだのか、東京で別の仕事をしているそうだ。

公私ともにお世話になった江島さんは中電本社に復帰し、マネージャーとして活躍している。

陸上部引退後に私が営業マンとして鍛えられた東広島営業所、徳山営業所の人たちは、いまでも私にとって大切な仲間だ。33年ぶりに箱根出場を決めたときに贈られた必勝祈願のしゃもじは、初優勝時にも贈られてきた。そこに寄せ書きされている名前を見るたび、おれはこんなにたくさんの人たちに支えられとるんじゃのう、と思いを新たにするのだ。その他にも、伝説の営業マンとして働いた徳山営業所時代の直属の上司・吉岡さん、リーダーの国光さんからは今でもお祝い金や励ましの言葉を頂いている。また、広島男子駅伝で中国放送ラジオ解説の為に帰広するたび、中電同期入社の多くの仲間が迎えてくれる。世話人の松葉重樹さんには大変感謝しております。

しかし、もう優勝の余韻に浸っていられる時間は過ぎ去った。われわれは、16年も箱根で連覇を目指す。すでに神野が新たに主将となり、毎日練習を積んでいるところだ。

最後に、箱根駅伝をもっと魅力ある大会にするべく、私見を述べさせていただきたい。何度も書いているように、私は一度陸上の世界を離れ、営業マンとしての実績を築いてから戻ってきた人間だ。営業マンは常に新たなビジネスチャンスを探し、より大きな、魅力あるコンテンツを捜し求めている。

そんな私の目から見ると、箱根駅伝はまだまだ改良の余地がある。もっともっとファンやスポンサーを集められるイベントにできるように思えてならない。

とりわけ、いの一番に改革すべきは、参加資格をオープンにすることだろう。

現在の箱根駅伝は関東学連（関東学生陸上競技連盟）に加盟している大学でないと参加

できない。東京都、千葉県、神奈川県、埼玉県、茨城県、栃木県、群馬県、山梨県以外の地域に住む選手が箱根を目指そうとしたら、愛知県出身の神野、長崎県出身の出岐のように加盟校へ越境入学するしかないのだ。

しかし、毎年の大変な盛り上がりを見ればわかるように、箱根駅伝はいまや国民的行事となっている。全国のファンが注目している〝駅伝の甲子園〟だ。これをいつまでも関東だけの財産にしておいていいのだろうか。

たとえば、私の出身地・広島、青学が合宿を行っている宮崎、長野、北海道の大学が箱根で優勝したとする。凱旋してきた彼らは地元のヒーローとなり、その大学に有望な選手が集まるようになる。

テレビの全国中継を見て選手たちに憧れ、陸上を始める子供も増えるだろう。ちょうど私が小さいころ、親や兄貴たちと一緒に中国駅伝を見に行き、リッカーミシンや旭化成の選手たちに憧れたように。

そうなれば、陸上界の裾野が全国的に広がってゆく。子供たちのヒーローとなった選手の中には、地元に根づいて母校の大学や高校の指導者になり、自分のチームを率いて箱根に挑む人間も現れるに違いない。

すると、陸上や駅伝のマーケットが全国的に拡大する。より多くの人たちが集まって、より巨額のお金が動く超ビッグ・ビジネスとなる。予選会の期間も含めると、それこそ甲子園並みの一大イベントに発展するだろう。

レース自体にも、改善するべきところは少なくない。細かい部分では監督による給水の復活、大きな部分では区間設定の見直し、エンターテインメント的要素としては各中継所の周辺にお客さんのためのスタンドを設営するのも一つのアイデアだと思う。

次から次へとできもしないことを吹いて、原は何を舞い上がっているのかと思われるかもしれない。

しかし、こういうことは私だから言えるのだ。私はもともと、中電時代に一度は陸上界と訣別した人間だ。それに、広島生まれの広島育ち、愛知の中京大学出身で、関東という土地とも関東の大学や陸上界とも、何のしがらみもない。

だからこそ、世間の人たちが私の意見に耳を傾けてくれるうちに、言えること、言っておくべきことは、どんどん自分から発信していきたいのである。そうでなければ、陸上界は何も変わらない。私自身の人生も前に進まない。そう思うから。


私は、箱根駅伝の監督としては異色の経歴の持ち主だ。いまも自分は営業マンであり、ビジネスマンだと思っている。こういう監督は、他校の歴史を遡ってもなかなかいないに違いない。そういう意味では、非常に珍しい存在ではあるだろう。

しかし、私、原晋の人生は、けっして特別な人生ではない。私がこの本に綴った経験は、誰の身にも起こり得ることばかりである。

　あなたは、自分はまじめに仕事をしているのに、覚悟がない、向上心がないと上司から叱責されたことはないか。人事異動で島流しのような目に遭ったことはないか。ストレスに苛まれ、毎日のように酒を飲んでは女房や同僚に愚痴をこぼしたことはないか。

　私も1995年ごろまでは、そんなどこにでもいる落ちこぼれのサラリーマンだったのだ。確かに、運良くチャンスに恵まれた。人との出会いにも助けられた。だが、何よりもそういうめぐり合わせを無駄にするまいと、私が自分なりに懸命の努力を重ねてきたということも、この本をここまで読んでいただいた方にわかっていただけるはずだ。

　もしこの拙い回顧録から、読者のみなさんが生きていくうえで、仕事をするうえで、ほんのちょっとしたヒントでも読み取っていただければ、筆者としてはこんなにうれしいことはない。最後まで読んでいただいてありがとうございました。

2015年春

町田寮の自室にて　原晋

原晋（はら・すすむ）

1967年３月８日、広島県三原市出身。青山学院大学体育会陸上競技部監督。中学から陸上を始め、広島県立世羅高校、中京大学へ。３年時に日本インカレ5000mで３位入賞。卒業後、中国電力へ進み、選手、営業マンとして活躍する。2004年から現職。09年に33年ぶりの箱根駅伝出場、12年に出雲駅伝優勝と成績を上げ、15年の正月に行われた箱根駅伝で青学史上初となる総合優勝をおさめる。家族は妻と二人。現在は学生たちと一緒に町田市内にある寮で生活している。本書が初の自著になる。

N.D.C.780　192p　19cm

魔法《まほう》をかける　アオガク「箱根駅伝《はこねえきでん》」制覇《せいは》までの４０００日《にち》

２０１５年４月18日　第１刷発行

著者　原晋《はらすすむ》

発行者　鈴木哲

発行所　株式会社講談社
〒１１２－８００１　東京都文京区音羽２－12－21
電話　編集部　０３－５３９５－３４３８
　　　販売部　０３－５３９５－４４１５
　　　業務部　０３－５３９５－３６１５

印刷所　凸版印刷株式会社

製本所　株式会社　国宝社

ISBN978-4-06-219517-1